JN221539

藤井満 著

能登のムラは死なない

農文協

まえがき

２０２４年１月１日午後４時10分、スマホの警報音がけたたましくなりひびいた。あわててテレビをつけると「珠洲・輪島などで震度７」と報じている。私は朝日新聞輪島支局で４年間記者をしていたから心臓が高鳴った。

それでも07年３月25日の能登半島地震の経験があるから最初は楽観していた。

07年の地震では、輪島市と七尾市、穴水町で震度６強を記録し、全壊６０９棟、半壊１３６８棟をかぞえたが、つぶれた家の住民もすべて救出された。庭の石灯籠にあたって亡くなった女性１人をのぞけば、避難所になった国民宿舎や公民館なども快適で「災害関連死」もゼロだった。能登は災害に強い、と信じていた。

だが24年元日の夜がふけてくると、被害は17年前の比ではないことがみえてくる。

輪島の火災は朝市通り周辺の中心市街をなめつくし、翌朝には、阪神・淡路大震災（１９９５年）の神戸市長田区のような焼け野原になった。珠洲の海岸部は津波で多くの家々が破壊され、東日本大震災の太平洋岸を彷彿とさせた。山間部や海沿いの24地区が孤立し、被害状況すらわからない。中越地震（04年）で61地区が孤立し、旧山古志村がヘリコプターで全村避難したのと同様の事態がおきていた。能登半島地震は、阪神・東日本・中越の3つの地震が一度におそったようなものだった。

石川県は能登への「不要不急の移動」の自粛を4月になるまでよびかけつづけ、現地にむかうボランティアを責《せ》める「自粛論」がSNSで拡大した。そうした自粛の強要が復旧の足枷のひとつになっていくのだが、1月段階では私も「自粛」していた。

能登の被害に心をいためても自分にはなにもできない。そんな無力感をおぼえる人たちにとって、「自粛」のよびかけは能登にかけつけない「言い訳」になっていた。

1月末、輪島で記者をしている友人から「能登にいた藤井さんの目で今の能登を記録してください」とメッセージがとどいた。

そのころ、ニュースをチェックするなかで、全国メディアの報道に違和感をかんじはじめていた。悲惨さに焦点をあてる社会面的な記事・番組か、「珠洲原発が建設されなくてよかった」「避難経路は寸断された」といった問題意識で切る記事か、「今回の地震と隆起のメカニズムとは」といった大所高所からの解説か……が大半を占める。もちろんそれらも大切なのだけど、人々がくらす集落の現状や課題がほとんどみえてこなかった。

東京のメディアは多くの記者を投入しているが、彼らは能登の文化や生業《なりわい》を理解していない。集落の記録という地味な仕事ならば、私がやる意味があるのかもしれない……。

地震から40日後の2月10日から12日にかけて、能登半島の海岸線をぐるりとめぐった。私が4年間をすごした輪島市役所ちかくの町内会は、約20世帯の全員が無事だったが、水も電気もないため、1軒をのぞいて金沢などに避難していた。

取材した山間や海岸の集落の多くは、警察や自衛隊の車両とすれちがう程度で人影がない。水や電気が復旧しないから2次避難先からかえってこられないのだ。

「能登の里山里海」は2011年、「トキと共生する佐渡の里山」とともに日本ではじめて、国連食糧農業機関（FAO）の世界農業遺産（GIAHS：Globally Important Agricultural Heritage Systems）に認定された。

ユネスコの世界遺産とちがって世界農業遺産は、危機にさらされている生物多様性や農村共同体を再評価するとともに、土地がはぐくんできた伝統の知恵を、環境問題や農村の貧困問題などの解決に生かすねらいがある。能登の農漁村のしなやかな生命力は、世界の未来にとって重要だとみとめられたのだ。

能登半島は全国でも指折りの過疎地だが、車道がとおる一定規模以上の集落が消滅したという話は1例しか耳にしたことがなかった。全国でも高齢化が原因でムラが消えた事例はじつはほとんどない。「限界集落」という用語には違和感をおぼえてきた。

網野善彦（１９２８〜２００４）によると、今につながる惣村《そうそん》は14世紀後半から15世紀にうまれ、日本社会の基盤をかたちづくってきた。それらの村が一気に衰退した高度経済成長期以降を「南北朝以来の激変」と位置づけた。文化人類学者の米山俊直（１９３０〜２００６）は「安易な『近代化』のかけ声では容易に消滅するようなチャチな存在ではない」と農村共同体の生命力を評価した。

最近では山下祐介氏が、消滅が予測された「限界集落」がしぶとく生きのこっている事実を指摘。戦前世代が退出する２０１０年以降、一部では自然消滅の可能性がでてきたものの、多くの限界集落は、規模は縮小してものこることができると予測している（『限界集落の真実　過疎の村は消えるか？』ちくま新書、２０１２年）。

小田切徳美氏も、農山村の集落は基本的には強靭だという立場だ。人口は減るとしても、人材をそだて、外の人とつながり、さまざまな生業をくみあわせることで「にぎやかな過疎」を実現できると説く。ただ、そんな動きにとぼしい集落が、地震などで「あきらめ」が蔓延すると「臨界点」をこえ、急激に衰退することもありうると指摘する（『にぎやかな過疎をつくる　農村再生の政策構想』農文協、２０２４年）。

「臨界点」という指摘は気になった。

今回の地震後、能登の多くの集落が無人化し、4月になっても人々はもどってきていない。

家の復興どころか、がれき撤去すらすすまない。避難先で認知症になったり、亡くなったりするお年寄りもでている。農道や田んぼの復旧がおくれて、田植えをあきらめた地区も多い。1年放置したらヤナギやネムノキがしげって山にかえってしまうかもしれない。

もしかしたら数百年持続してきた多くのムラがつぶれてしまうのではないか。能登半島で集落消滅の前例をつくってしまったら、近い将来の南海トラフ地震では、紀伊半島や四国で孤立する多くのムラが将棋倒しのように消えていくことになるだろう。

「中世以来のムラの終わりのはじまりが能登半島地震だった」

後世にそう記録されるのではなかろうか——。そんな空恐ろしい予感にとらわれた。

時代の転換点を目撃しなければという思いにかられて、月一度、奥能登にかよいはじめた。

本書では、2011年から15年にかけて取材した生業や生活文化についての記録（2015年に『能登の里人ものがたり』として出版）と、24年の能登半島地震後の様子を比較することで、能登のムラの魅力と課題をあきらかにするとともに、ムラの生きのこる道をさぐっていきたいと思う。

本書の原稿をかきおえてまもない9月21日、能登を記録的な豪雨がおそった。地震にたえた家々がながされ、やっと入居できた仮設住宅が床上浸水し、必死の思いで復旧した水田が水没した。

地震後、「前向きに！」とがんばってきた人ほど心が折れる思いなのではないか……。切実さを増した「臨界点」というコトバが脳裏にうかぶたびに胸をしめつけられる。

目次

第1章 山と海の交点

第2章　風土と歴史がはぐくむ絆

第3章 半島がはぐくんだ食文化

第4章 「能登はやさしや」祭りと信仰の意味

第5章　里山里海の可能性

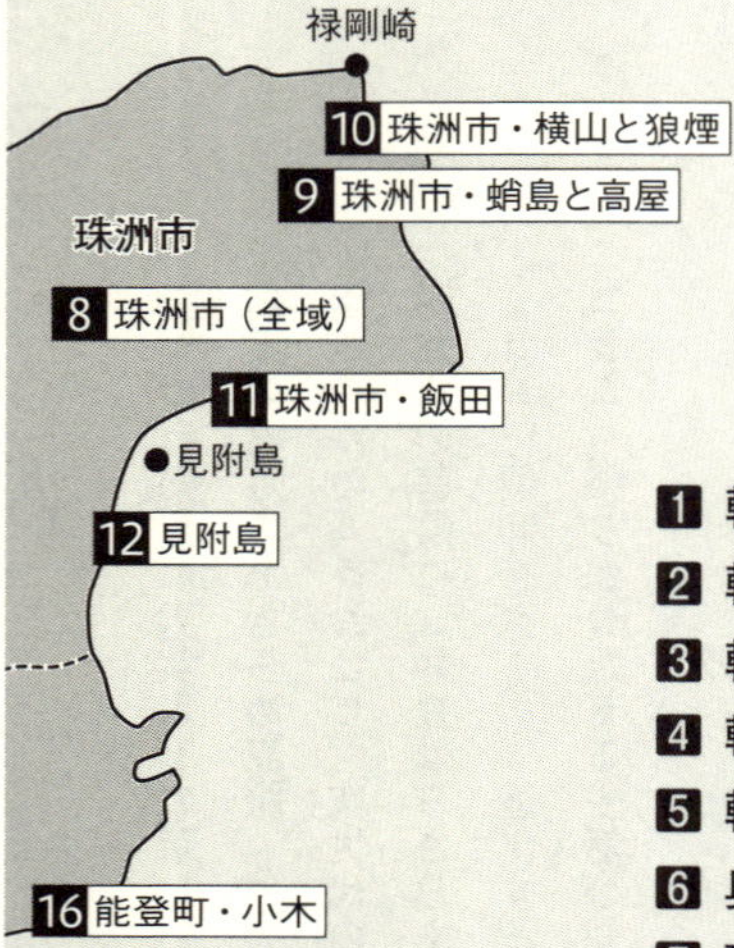

本書に登場する
能登の地域

1 輪島市街（p.14、19、28、32、191、222）
2 輪島市・南志見（p.275）
3 輪島市・大西山（p.137、143）
4 輪島市町野町・金蔵（p.122、130）
5 輪島市町野町・曽々木海岸（p.111、247）
6 奥能登一円（p.196）
7 珠洲市・仁江（p.39、50、55）
8 珠洲市（全域）（p.43、264）
9 珠洲市・蛸島と高屋（p.65）
10 珠洲市・横山と狼煙（p.150、157）
11 珠洲市・飯田（p.72）
12 見附島（p.202）
13 能登町・国重（p.207）
14 能登町時長・山口（p.213）
15 能登町・不動寺（p.229）
16 能登町・小木（p.165、171）
17 能登町・鵜川（p.218）
18 能登町など（全域）（p.268）
19 能登町・斉和（p.256）
20 能登町・旧柳田村（p.171、178、186）
21 穴水町・曽良と甲（p.233、241）
22 穴水町・中居（p.46）
23 輪島市三井町（p.271）
24 輪島市門前町・深見と黒島（p.80、89）
25 輪島市・上大沢と大沢（p.97、106）

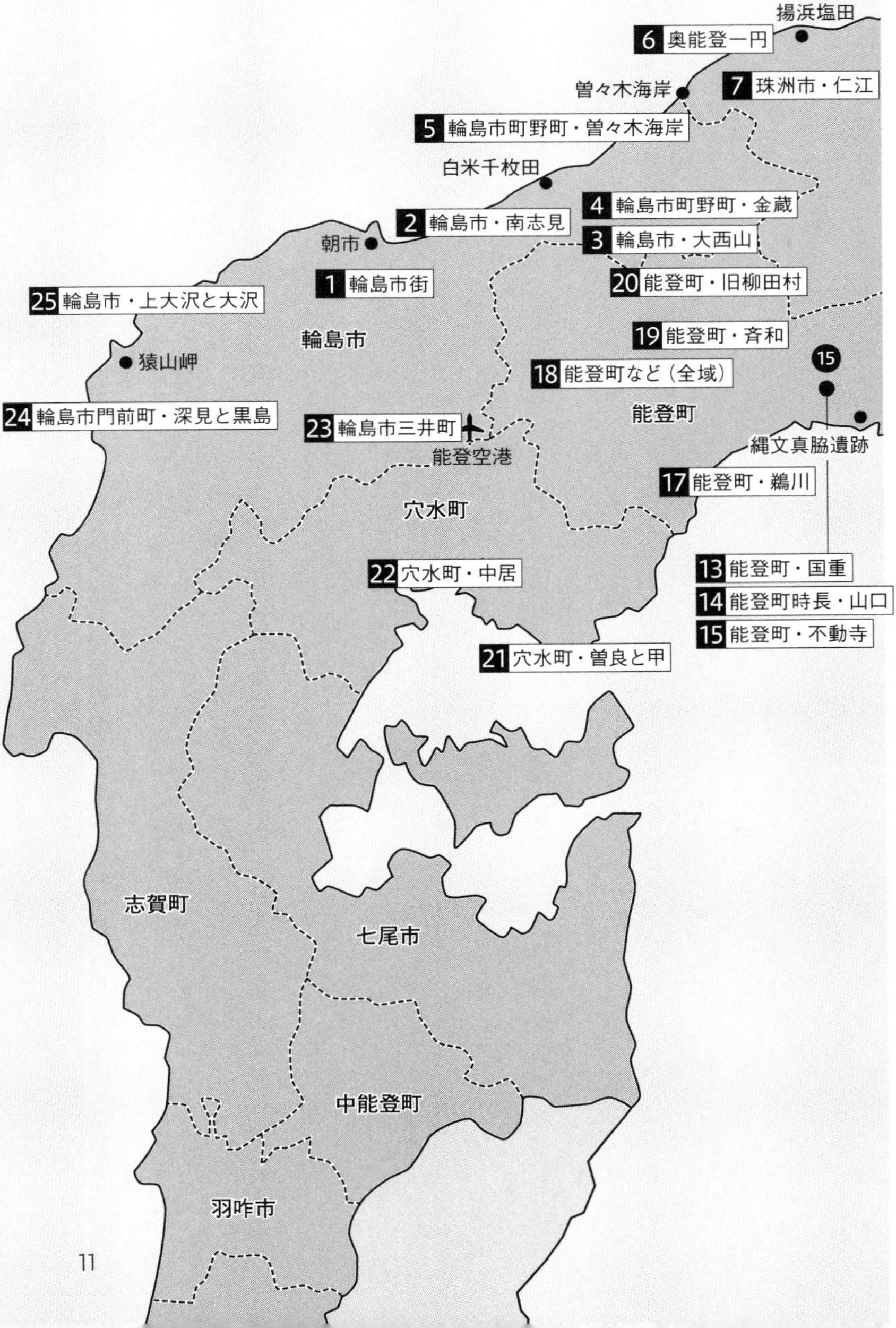
揚浜塩田
6 奥能登一円
曽々木海岸
7 珠洲市・仁江
5 輪島市町野町・曽々木海岸
白米千枚田
4 輪島市町野町・金蔵
2 輪島市・南志見
3 輪島市・大西山
朝市
1 輪島市街
20 能登町・旧柳田村
25 輪島市・上大沢と大沢
輪島市
19 能登町・斉和
猿山岬
15
18 能登町など（全域）
能登町
24 輪島市門前町・深見と黒島
23 輪島市三井町
能登空港
縄文真脇遺跡
17 能登町・鵜川
穴水町
13 能登町・国重
22 穴水町・中居
14 能登町時長・山口
15 能登町・不動寺
21 穴水町・曽良と甲
志賀町
七尾市
中能登町
羽咋市

本書の説明

※本文内の年齢や肩書きは取材当時のものです。

※「集落」は、行政の範囲と一般的な意味の両方で使っています。複数の集落をひとくくりにした旧村など、広がりのある範囲をさす場合は「地区」としています。

第1章

山と海の交点

能登半島は東京都とほぼ同じ約2000平方キロメートル。

能登半島の富山湾に面した「内浦」は、平地に水田がひろがり、深い湾が出入りするおだやかな景観だ。日本海側の「外浦」は荒々しい。冬場は強烈な季節風が吹きつけ、洗剤の泡のような「波の花」がとびちる。海の間近まで山がせまっているため、急斜面には「白米千枚田」がきざまれた。

まずは外浦の、里山と里海の交点に成立した輪島朝市と、海水から塩をつくることでマツタケ山がうみだされた珠洲の海辺から奥能登の旅をはじめたい。

取材年 2013年

場所 輪島市街

朝市は里山里海のテーマパーク

輪島の町は、日本海にむかって南から北へながれる河原田川を境に、東側の河井町と西側の鳳至町《ふげし》にわけられる。鳳至は江戸時代はソーメンの町だったが、今は河井と同様、輪島塗の職人が多い。

輪島の中心は朝市がひらかれる本町商店街だ。

秋の週末、地べたにしいたベニヤ板にアケビや栗がならび、防水エプロン姿のおばさんが出刃包丁でブリを解体する。木の樽からはコンカイワシ（イワシの糠漬け）の香りがただよう。最大250店がつらなる延長360メートルの通りは里山里海の食文化を一覧できるテーマパークだ。

「買《こ》うてくだぁ」

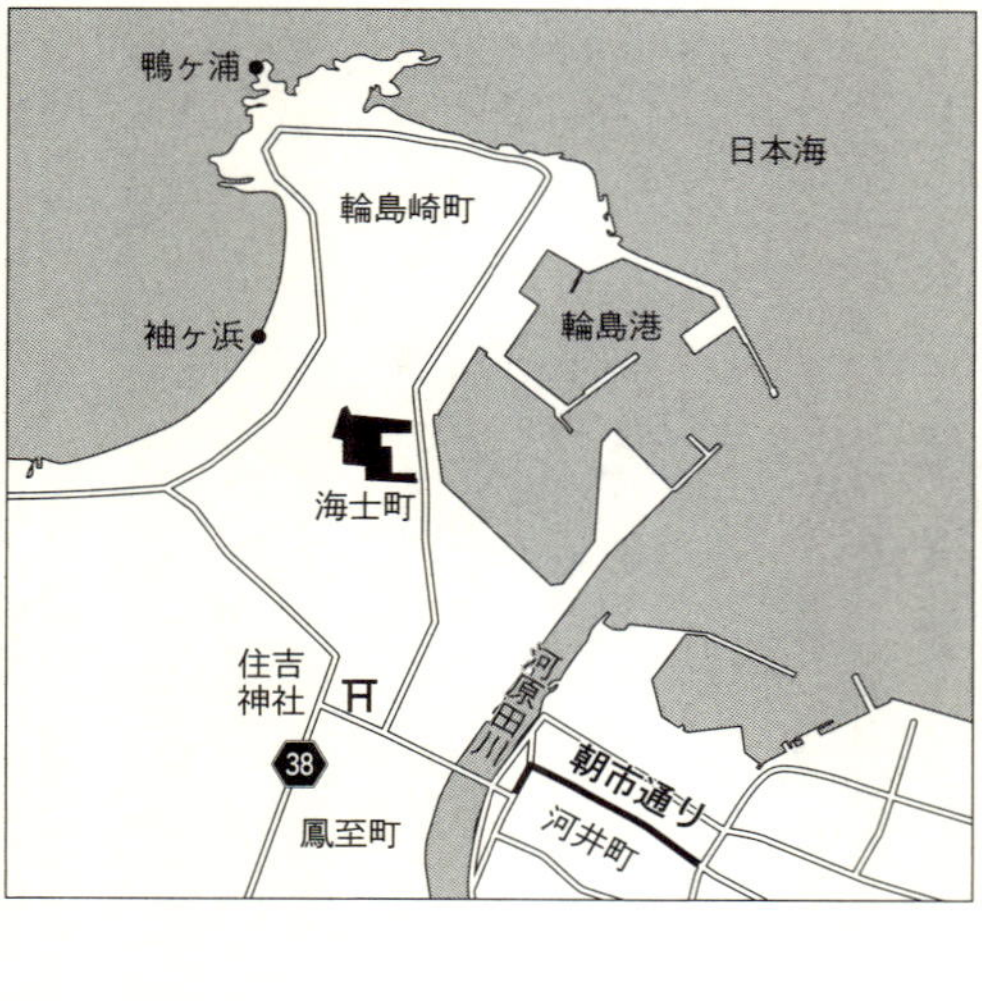

「値段だけでもきいてぇ」
「あっ、きれいなお姉ちゃんや！」
いきなりさけんで、ふりかえった女性に干物を売りつけるという高等技を披露するおばちゃんもいる。

地元庶民の台所から観光スポットへ

朝市はかつて庶民の台所であり、農漁村の女性の小遣いかせぎの場だった。昭和30年代までは、鮮魚と野菜の露店が60～70軒ほど。住民はだれもが朝市か、住吉神社の夕市で買物をするから市街地に八百屋や魚屋は存在しなかった。

本町商店街は、家具や呉服、靴屋など地元むけの店と輪島塗の工房が軒をつらねていた。朝市の女性たちは商店の軒先をかりて、商店の柱にクギを打って布の屋根をかけた。

観光ブーム以前は、素朴な朝市を「恥」と考える人もいた。１９５８年に昭和天皇夫妻がおとずれる直前、舗装工事のため朝市は裏の路地でひらかれていた。工事が完成してもどろうとしたら「両陛下がお帰りになるまでその場所にいてくれ」と市役所が待ったをかけた——と、当時の北国新聞はつたえている。

輪島朝市組合長の小林政則さん（55）は乾物店をいとなみ、朝市にも出店している。子どものころの「大歳の市」はとくに印象にのこっている。

年の瀬の3日間、正月飾りや棒鱈、黒豆や数の子などを買う人で朝4時半から午後2時すぎまでごったがえした。地元客ばかりだから袋詰めや包装はしない。塩辛も煮干しもすべて量り売りだ。50円玉や100円玉がとびかった。

能登の観光ブームは、菊田一夫原作で1957年に公開された悲恋の映画『忘却の花びら』（主演小泉博、司葉子）にはじまり、舞台となった曽々木海岸に旅行者がおしよせた。能登金剛（志賀町富来）の断崖をロケ地にした松本清張の『ゼロの焦点』（61年）で人気はさらに加速する。だが小林さんの記憶では、朝市に観光客が殺到するのは、高校生だった1970年代半ばだった。

当時、周辺だけで旅館や民宿が7軒あり、夜は漆器会館前でひらかれる御陣乗太鼓《ごじんじょ》の実演をみにいく人たちが列をなした。午後10時すぎまで観光客の下駄の音がたえなかった。

かつて朝市は、野菜の露店が一番多く、次が鮮魚だった。観光ブームによって、みやげとなる海産物の加工品の店が急増した。一方、81年に市街地に最初の大型スーパーが誕生し、2年後にさらにもう1軒開業した。はたらいている女性は朝市にかよえないから、多くの市民が大型スーパーにながれた。野菜や鮮魚をあつかう露店は年々減り、現在の朝市の売り上げの9割は観光客が占める。

ロシアのカニ、メキシコのアワビ……「国際通り」

1955年に1万4000人だった輪島市の観光客は65年には35万人、ピークの80年には270万人になった。

観光客の数にたいして、みやげが圧倒的にたりない。

「赤く変色したワカメをすてようとしたら、それでもいいから売ってくれと言われました」と小林さん。世界の貝殻の袋詰めを業者から仕入れてならべたら、能登になんの関係もないのに1袋500円で飛ぶように売れた。

昔の朝市は地元の漁師や農家がその日とれたものを売っていた。海が荒れれば店先から鮮魚が消え、糠漬けばかりがならんだ。

80年代に宅配便が普及してカニや魚に観光客がむらがると、毎日商品をそろえなければならなくなる。輪島の魚だけではたりず、金沢の市場から仕入れるようになった。

ロシアのカニやメキシコのアワビ、カナダのアカウオ、中国の箸などがならぶ朝市通りを「国際通り」とよぶ地元住民もいる。

ズワイガニの漁期は11月から3月で、それ以外の時期はよそから仕入れている。春から秋、「輪島のカニ」とかんちがいして買う観光客は今も少なくない。「輪島のカニやと信じている客に、今のはロシア産です、とはとても言えない」ともらす飲食店主もいる。

2004年のJAS法改正で原料と原産地の表示が義務づけられた。組合は表示の徹底をよびかけ、09年からは年2、3回、抜き打ち調査をしている。

その結果、アカニシ貝を「蒸しサザエ」として売ることはなくなり、輪入品をつかった蒸しアワビは「メキシコ産」とされるようになった。

5月の連休の朝市

県内で揚がったズワイガニは06年から「加能ガニ」のタグがついている。JFいしかわ輪島支所は「輪島海女採りあわび」と「輪島海女採りさざえ」を10年に商標登録した。ここ数年で本物志向が浸透してきたという。

海女の町は過疎知らず

輪島市街をつらぬく河原田川の河口の西には、海士町《あままち》と輪島崎町という漁師町がならび、輪島港は、石川県で最大の水揚げをほこる漁港だ。春はノドグロやハチメ（メバル）、夏はアワビやサザエ、冬はズワイガニやブリ、タラ、そして日本一の水揚げをほこる天然フグ……。豊かな海産物のおかげで、ふたつの漁師町は子どもが多く、過疎とは無縁だった。

古代ギリシャ思わせる裸の海女

海女漁で知られる海士町は、1569（永禄12）年に福岡県・鉢ヶ崎から能登半島にたどりついた13人の漁民集団からはじまる。当初は、冬場は福岡にかえっていたが、加賀藩にアワビを献上したことから1649（慶安2）年、鳳至町と輪島崎町にはさまれた現在の「海士町天地」の土地1000坪をあたえられた。

2013年に天地にすむのは190世帯586人だが、地区外にでた人もふくめて独自の海士町自治会を形成し340世帯が所属している。

1960年代半ばまで、海女は「サイジ」というふんどし姿で潜っていた＝2011年、輪島市立民俗資料館で複写

海女サミット2013でアワビの稚貝を放流＝2013年

1962年ごろまで、海士の人々は6月に総出で船団をくんで50キロ沖の舳倉島《へぐらじま》にわたり、10月にいっせいにもどってきた。島からもどると、塩漬けにしたイワシや海藻、蒸しアワビなどを能登一円で売り歩く「灘まわり」にでかけた。昔は小舟をつかったが、35年に国鉄七尾線が輪島まで完成すると陸路が中心になった。

中村裕・輪島前神社《わじまさき》宮司によると、海士の人々は町内の住民同士で結婚し、他地区の人とはまじわらなかった。そのかわり血が濃くなるのをふせぐため、「灘まわり」先の村々に双子がいると、ひとりをもらってくる習慣があった。海女としてそだてるため、とくに女の子をほしがった。

「隣の輪島崎地区とでも嫁をやるなんてことは絶対なかった。ふつうは3代もたつと、どこのだれだかわからんようになりますが、海士は400年間、海士だけの習慣をまもってきました」

1960年代半ばまで、海女はサイジとよばれるふんどし姿で海に潜った。イタリアの文化人類学者フォスコ・マライーニは、裸の海女の姿を古代ギリシャのようだと評した。今も海士地区では上半身裸で海藻のごみをとる老女にでくわす。

「海女は外で平気でウエットスーツを着替えとる。今もおおらかや。運動量が多いから均整がとれた体つきをしとるわいね」

小学生のころから、海女の母と舟にのって櫓のこぎ方やロープの結び方をまなんだ古倉数也さん（70）は話す。

糠漬け・麹漬けは海女の味

古倉さんの家は代々旧柳田村(現能登町)の農村を「灘まわり」した。商品を宿におくってそこから背負って村々を歩いた。稲刈りがおわったころもう一度たずねて代金がわりの米をあつめた。貧しい農家の子を養子にむかえることも多く、古倉さんの母も旧中島町(現七尾市)の笠師保《かさしほ》から海士町にもらわれてきた。

耳が悪い母は古倉さんが10歳のときに海女をやめる。父は就職し、母はサザエの麹漬けやコンカイワシ(イワシの糠漬け)などの海産物を朝市で売りはじめた。古倉さんは中学卒業後、建設会社に就職したが、病気で25歳で退職し、母の仕事を手伝うことになった。

祖母の時代から、イワシは30%超の重さの塩で漬けた。舳倉島にいる夏のあいだに腐らないようにするためだ。一方、美川町(白山市)の糠漬けは、輪島のものより塩が少なくやわらかい。金沢では輪島の糠漬けは「しょっぱすぎる」と言われる。逆に輪島の人は美川の糠漬けを「やわくて味がうすい」といやがる。古倉さんは塩分を25%まで減らし、輪島と美川の中間の味と歯ざわりにしあげた。

舳倉島では、イカを海水であらって囲炉裏であぶって食べた。「そだった水で調理するのが一番うまいねんぞ」という父の言葉を思いだし、一夜干しを商品化する際、海水の濃さの塩水で味をつけた。防腐剤はつかわない。以前、一晩で銀色に変色するはずの鯛が、鮮度保持剤をくわえると1週間後も赤いのをみて「いったんつかったら麻薬といっしょや」とこわくなったからだ。

妻のれい子さん(68)は30歳まで海女だった。写真が趣味の古倉さんは、妻が潜る姿を舳倉島で撮影してきた。妻が水深10メートル超の海底まで往復するあいだに古倉さんは3回も息継ぎをしなければならない。妻や母をとおして海女の仕事のきつさと海女を断念する無念さを実感してきた。

「海女で生計をたてられん母親らは朝市に命をかける思いで商品を作っていた。そんな必死さを、今の朝市はわすれとるのかもしれんね」

長野県から海士町に嫁いできた冨水洋子さん（65）にとって、漁師の暮らしは驚きの連続だった。男たちは午前1時に出港し日が暮れてもどる。姑は海女として海藻をとるかたわら、夜遅くまでサバやイワシを糠に漬け、朝市で売った。サバだけで四斗樽に20樽は漬けた。

6月にフグが揚がると卵巣をとりだし、いしる（魚醤）のはいった糠に漬ける。2年間おくと毒がぬけ、塩辛さがまろやかになる。

隣町の輪島崎では、フグの子の糠漬けは、正月や漁師の仕事はじめの「起舟祭《きしゅう》」に欠かせない縁起物だった。海上安全や商売繁盛を祈って、大根とにんじんの紅白のナマスにまぶした。フグの皮は干して煮こごりにして食べた。

新木順子さん（65）が中学生のころ、多くの家が軒下で糠漬けをつくっていた。いしるをしぼったイワシのカスは道にひろげて干して肥料にした。農家が大八車でとりにきて野菜と交換した。町はハエだらけだったが、里山と里海の資源が循環する暮らしだった。

いま新木さんや冨水さんがつくる「輪島海美味工房」は、冨水さんが姑からおそわった昔ながらの作り方でフグの子やサバの糠漬けを商品化している。

「伝統的な循環型の暮らしは使い捨て型にかわってしまったけど、せめて地元の素材にこだわり、昔ながらの伝統の味をうけつぎたいね」と新木さんは話す。

特注リヤカーで魚の振り売り

海士の女性は朝市では糠漬けなどの水産加工品をあつかう。「灘まわり」以来の伝統で、遠隔地への行商が多い。

一方、もうひとつの漁師町の輪島崎の女性はおもに鮮魚や干物をあつかい、リヤカーで「振り売り」

山下恵子さんの特注リヤカー

輪島港に揚がったばかりの鮮魚を「夕市」で売る「おとみさん」こと米谷はる子さん

をしている。大型スーパーの進出で、朝市からは地元住民の足が遠のきがちだが、２０１５年現在30人が振り売りをつづけている。

私がかつて勤務していた朝日新聞輪島支局のある住宅街にも、毎日昼前、振り売りのリヤカーがやってきた。

「姉ちゃんおるけー！」

お得意さんをよぶ野太い声がひびくと、ぞろぞろとご近所があつまる。車輪の上のまな板で客の求めに応じて三枚におろしたり、刺し身にしたり。家の前まできてくれるから足が不自由な高齢者にはありがたい。一方で、「冷凍庫に魚があるんやけど、おばちゃんの顔をみるとつい買ってしまう」「スーパーで魚を買ったのがばれたらおばちゃんにおこられる！」……といった声も。商売というより一種の運命共同体なのだ。

山下恵子さん（59）は、リヤカーで振り売りをしていた姑が体調をくずしたのを機に、１９８３年ごろから軽トラックに姑をのせてまわるようになった。

雨や海水でぬれたカッパを着たまま乗り降りしていたら、３年もすると床に穴があいた。

「やっぱりリヤカーやわ」

海水でもさびないステンレス製の特注リヤカーを20数万円かけてつくった。停車中に水平になるように四隅の脚は長めだ。干物をつるす棒をもうけ、トンビよけの青いネットや、日よけのパラソルも装着した。秤や包丁をおく台をしつらえる人もいる。

山下さんは午前6時ごろ、漁港に競りにでかけ、たりないぶんは問屋で仕入れる。干物や刺身などに加工し、氷をつめた発泡スチロールの箱につめて午前9時半から夕方まで街を歩く。

輪島の人は観光旅行からかえると「輪島の刺身で口直しや」と言うほど魚にうるさい。山下さんは、海が荒れる冬は他産地の魚もあつかうが、多少値段が高くても生きのよい魚を仕入れる。

「観光客相手とちがって毎日顔をあわせるから信用が大事。たくさん売れたらうれしいけど、お客さんの負担にならんように1匹でも2匹でも買っていただく。おしゃべりしたり人生相談をしたり……人間関係が楽しいがいね」

朝市通りから300メートルほど西の鳳至町の住吉神社境内では「夕市」がひらかれる。昔は40軒ほどの露店がならんだが、今は2軒だけ。

「おとみさん」こと米谷はる子さん(85)の店には、揚がったばかりのカツオや甘エビ、ブリがならぶ。

「おとみさん、いつからやってるの?」とたずねると、

「おとみはもうあの世や」

きついパーマをあてた頭をあげて、いたずらっぽく笑う。「おとみ」は母の名前だったのだ。

米谷さんは娘の礼子さん(52)とともに、早朝に漁港で魚を競り落として朝市にでる。定置網の漁船が入港する午後1時に、漁港でもう一度仕入れて夕市にむかう。

「(魚が死んでかたくなる前の)ふらふらのを買《こ》うて、氷をいれるとピーンとなおるんや」

客のなかには、「これは昼揚がったんか?」とたずねる人も多い。朝の魚では「古い」のだ。

輪島の魚ばかりだから値段は安くない。米谷さんのあつかう1キロほどのノドグロは3500円もする。米谷さんの店を「輪島の高級食材店」とよぶ飲食店主もいる。

海が荒れる冬場は内海の宇出津港《うしつ》（能登町）からも仕入れるが、金沢の市場の魚はあつかわない。

「荒波でそだってる輪島の魚は身がしまってる。内海はため池にはいったみてぇだから脂がついてやわらけぇ。ここらの人はどっちの魚かすぐわかるぞ。金沢からくるがは、遠くの魚もあるから、きらいねんちゃ」

出刃包丁でブリを三枚に切りわけながら「おとみさん」はかたりつづけた。

毎日のように振り売りや夕市の新鮮な魚を食べる暮らしを、私は和歌山に転勤する2015年5月までたのしんでいた。

こうした日常が子や孫の世代までとつづく……。

私をふくめ、おそらくだれもが信じていた。

取材年　２０２４年

場所　輪島市街

焼け野原の輪島朝市

冬の朝市＝2013年

がれきと隆起で消火できず

２０２４年２月11日、車で輪島市の中心街にはいると7階建ての「五島屋」のビルが横倒しになっている。隣の居酒屋「わじまんま」が下敷きになり、経営者の妻と娘が亡くなった。

海沿いの埋め立て地「マリンタウン」に車をおいて西へ50メートルも歩くと、空襲跡のような焼け野原がひろがった。阪神大震災のときの神戸市長田区の光景にそっくりだ。

例年2月の朝市は、観光客が少ないから露店もまばらだが、輪島の魚にこだわる「おとみさん」の露店で鮮度抜群のタラを１匹購入し、半身は刺身、半身は昆布締めにしてもらっていた。別のおばさんからは1匹２００円の雌がに（香箱がに）を10匹買ってゆがいてむさぼった。あのときの朝市と焼け野

焼け野原になった朝市＝2024年

原がおなじ場所とはとうてい思えない。

元日は風はなかったが、がれきで消防車の到着がおくれた。消火栓はがれきに埋もれ、河原田川も隆起のせいで水がくみあげられない。さらに津波警報で避難を余儀なくされて消火がとどこおった。約２４０棟が焼け、焼失面積は東京ドームとほぼおなじ広さの約４万９０００平方メートルにのぼった。

親友の家が倒壊・全焼

朝日新聞輪島支局とおなじ町内で食堂をいとなむ福盛啓容《ひろやす》さん（62）は元日、一家総出で乗用車2台で富山県高岡市にむかっていた。のと里山海道の横田ＩＣ（七尾市中島町）ちかくではげしい揺れをかんじ、ＩＣをおりた直後に第２波がおそい、走ってきた背後の道路がくずれおちるのを目のあたりにした。

ちかくの中学の避難所に1泊したが、甥が市役所職員、姪が看護師だから輪島にもどらなければならない。道路は寸断されている。田んぼの道などを迂回して、ふだん1時間の道のりを

９時間かけて輪島にたどりついた。

焼失した朝市通りには、高校時代からの親友・畠中雅樹さん（61）がすんでいた。

１月３日、畠中さんのいとこから「雅樹の家がつぶれるのをみた」ときいた。畠中さんと母の三千代さん（86）の安否がわからない。１週間後、「人の骨がみつかった」と連絡をうけた。

その場所を案内してもらった。

朝市通りの西のつきあたりの「畠中金物店」。朝市通りはゆるやかな坂だから、凍結した日はしばしば店に車がつっこんだという。輪島にいたころ、私もこの店で何度か買いものをした。やさしげなおばあさんが店番をしていた。

親友が亡くなった朝市通りの金物店跡で手をあわせる福盛啓容さん

１階部分がつぶれた白藤酒造

がれきのなかの焦げたスチールデスクは、畠中さんの仕事机だった。そこには花がそなえられていた。

大火を克服、「進化」した朝市

上下水道は崩壊し、水は給水車だより。トイレにゴミ袋をしき、凝固剤でかためて「ごみ」としてだしている。高齢者がくらせる環境ではない。朝日新聞輪島支局が属する町内会は約20世帯だったが、福盛さん一族以外は輪島をはなれてしまった。

近所を歩くと、下見板張りの家々がそこかしこで倒壊している。「白藤酒造」は1階部分がつぶれた。国登録有形文化財の「大崎漆器店」も青いシートにおおわれている。

河井町の重蔵神社わきの「輪島工房長屋」では、輪島唯一のフランス料理店「ラトリエ・ドゥ・ノト」の池端隼也《としや》さんや、唯一のショットバー「セブンアイルズ」の田辺和久さんらが炊き出しをしている。

輪島にすんでいたころ、セブンアイルズには3日に1度はかよっていた。

「水道がとおってしばらくしたら店をひらきます。飲食店はつなぎ役になれる。人と人をつなぎあわせて、町全体をどうブラッシュアップするか考えたい。輪島は絶対復活します」と田辺さん。

明治までの輪島朝市は四と九のつく月6日の「市日」にひらかれていた。輪島の中心街は１９１０（明治43）年の大火で１１００軒が全焼した。そこから復活をはたし、大正（１９１２～26）になると朝市は「毎日開催」に進化した。

輪島がふたたび息を吹きかえすとき、今までになかった新たななにかがうまれてくるのだろうか。

取材年 2024年

場所 輪島市街

漁師町の知恵が生きた避難生活

地震前の塩水プール＝2019年

最大4メートル隆起、干上がった「塩水プール」

地震によって外浦（日本海側）は最大約4メートル隆起した。輪島港も水深が浅くなり、200隻の漁船が港外にでられなくなった。輪島の冬はカニやタラが水揚げされるかきいれ時だが、春になっても港はしずまりかえっている。

輪島の海はどの程度、隆起したのだろうか。

3月半ば、漁師町から岬をはさんだ西側にある「袖ヶ浜」と「鴨ヶ浦」にむかった。

袖ヶ浜は弧を描く砂浜で、夏は海水浴客でにぎわう。冬から春にかけてはカジメなどの海藻がとれる。高台からみわたすと、東側半分は真っ白な岩礁があらわになっている。その岩に近づくと、ドレッドヘアの頭髪のように海藻が白い岩にこびりつ

隆起で干上がったプール＝2024年

き、付着した貝は化石のようにかわいている。

袖ヶ浜から手掘りのトンネルをぬけると「鴨ヶ浦」という岩礁海岸だ。海にうかぶ岩をつなぐ遊歩道があり、小魚や貝を観察できる散歩道だったが、すべて陸になった。

一角には国登録有形文化財の「塩水プール」がある。縦25メートル、幅13メートルのプールは1935年ごろ、魚を観賞するための水槽としてつくられ、戦後に水泳用のプールに改修された。南北にある取排水口から海水が自然に流出入するしくみだ。60年のローマ五輪の銀メダリスト、山中毅さんがここで練習したことで知られている。このプールも水が干上がった。プールの水深を考えると、約2メートル隆起したことがわかる。

プロパンガスの爆発音とともに燃えひろがった火災

漁師町の輪島崎町や海士町も多くの家が倒壊している。「輪島海美味工房」の新木順子さん宅は聖光《しょうこう》寺の目の前の路地で酒店をいとなんでいた。2月にたずねると、寺の本堂はかたむき、約200基ある墓石の大半がたおれ、雨水をふせぐビニールシートでおおわれていた。「新木酒店」はたおれてはいないが、人影はなく電話もつながらなかった。

3月15日に再訪して、近所の人に新木さんの安否を問うと「公民館にいってみまっし」とおしえられた。漁港のわきにある「港公民館」は避難所になっている。その和室で再会できた。

避難所の港公民館で再会した輪島海美味工房の新木順子さん

新木さんは息子と2人で元日をむかえた。朝食はおせちと雑煮を食べて昼食をぬいて年賀状をかいていた。

「あすから親せきや子どもの家族もくるわぁ……」と考えていたら、前年5月5日なみの地震がおきた。

「震源は珠洲あたりやろ」

のんびりかまえていたら、経験したことのない揺れが直撃した。天井が菱形にゆがみ、蛍光灯が落ち、台所の水屋や冷蔵庫もたおれた。

揺れがおさまり、「今のあいだに逃げるぞ!」と息子に声をかけたが、店舗のある正面玄関は商品棚などがたおれて散乱し、靴もはけない。ストーブを消し、窓から裸足で外にでた。

隣の聖光寺の墓地から竜ヶ崎灯台のある天神山にむかった。その途中も何度も余震におそわれ、墓石がころげおちる。寺の本堂の戸がのれんのようにゆれている。

天神山は津波の際の指定避難場所だが、地滑りの危険がある。余震のたびにドーンとつきあげられ、山全体がユッサユッサとゆれ、そのたびに地割れが少しずつひろがっていく。

桜の枝を切ってたき火をしようとするが、生木だからなかなかもえない。毛布1枚に5、6人がくるまって寒さにたえた。

約1キロ南の輪島の市街地が、みるみる火におおわれていく。ドーン、ドーンと、プロパンガスの爆発音がひびいた。

午後8時すぎ、津波の心配はなさそうだから、山をおりて港公民館にはいった。

カニの水槽の水で水洗、漁船の発電機で電灯

公民館には約120人が避難した。足の不自由な人は1階、元気な人は2階へ。畳1枚あたり2人が横になった。

お年寄りの体調管理には水が不可欠だ。「水をください」と市役所に電話したが対応してもらえない。市職員もごく近所の人しか出勤できていないのだ。消防も、家があちこちでつぶれて身動きがとれない。

かけつけた自衛隊員がこっそり裏の調理室から水のペットボトル（2リットル）を60本わけてくれた。それで高齢者の命がすくわれた。

10日まで支援物資はとどかなかったが、食べ物には不自由しなかった。帰省する家族にごちそうするため、どの家も肉や魚をたっぷり買っていたからだ。

漁協の冷蔵庫は停電したが、もともと極低温だからもちよった食材をそこに保管し、2月半ばまで食いつないだ。

トイレにも不自由しなかった。漁協にはカニの生け簀の巨大な水槽がある。その海水を漁協の台車で公民館にはこんで水洗につかった。

漁船の発電機を公民館の配線に接続したから明かりもあった。ガスの専門家が公民館のキッチンにプロパンガスを接続したから炊事もできた。

「みんなの知恵があつまって避難生活に役だった。漁師はたくましい。地域力ですよ」

2次避難で孤立する高齢者

外観が無事な家は「一部損壊」とされ、公費解体の対象にならない。だが、たとえば新木さん宅は家の一部が隆起し、「歩くと小走りになってしまうほどかたむき、家にはいると、船酔いのように気持ち悪くなる」。輪島崎では「一部損壊」という被害認定に異議を申したてる例があいついだ。

自宅にすめず、漁業という仕事を失った多くの住民は金沢などへの2次避難を余儀なくされた。大家族でくらしていた高齢者の多くが、2次避難先のアパートでひとり暮らしをしいられている。

港公民館には3月15日現在17人が避難中だが、2次避難した人たちも泊まりにくるから毎日20人は宿泊している。さらに、自宅にくらす30人ほども炊き出しの夕食を食べにきている。

「年寄りが一番かわいそう。なれない都会のアパートで、電車の乗り方もわからず、散歩にもでられずボーッとしている。そういう人たちがここに泊まりにきて『輪島に帰りてぇ』って涙をながしながら話していくんです」

2次避難先で認知症がすすみ徘徊をはじめた人もいる。輪島市外の老人施設にうつった2人が5月までに亡くなった。そのうちのひとりが「おとみさん」だった。

1976年の酒田の大火では1774棟が焼けたが、火災当日から仮設住宅の建設がはじまり、1週間後には避難所は解消した。95年の阪神・淡路大震災では地震3日後から着工し最初の仮設住宅は14日後に完成、全戸（約5万戸）完成は7カ月後だった。2011年の東日本大震災では、8日後着工、21日後に最初の完成、全戸（約5万3000戸）完成は8カ月後だった。能登半島地震ではさらにおくれ、11日後着工、30日後に最初の完成、全6800戸が完成するのは11月になるみこみだ。

体育館などの避難所やなれない街での孤独な暮らしが11カ月もつづく。その間にどれだけの命がつきてしまうのだろうか。

朝市や振り売りをささえる女性の支援を

朝市や振り売りで干物などを売る女性たちは2021年にも危機にみまわれていた。

改正食品衛生法によって、干物や梅干し、たくあんなどの加工品を朝市などで販売するには、手洗い場や換気扇、加熱や冷凍処理用の温度計設置などが義務づけられた（すでに営業している人には24年5月まで3年間猶予）。

女性たちは、市の補助金があったとはいえ、たくわえをとりくずして施設をととのえてきた。それらを整備したとたんに地震で壊滅した。新木さんはかたる。

「小さな魚の頭をとって、根気よくきれいにしてフライにするのは漁師町のおばあちゃんの仕事でした。それらを民宿や旅館でだしていました。そんな人たちは『年もとったし、カネをかけれんし、やめるわ』って言ってます。おいしいコンブ巻きをつくっていた人もやめてしまう。大事な文化が消えてしまいます」

朝市や振り売りをのこすには、漁師町の女性たちが自由につかえる共同の加工場が不可欠なのだ。

輪島崎の経験は、漁業などの生業《なりわい》の知恵が、災害時にも役だつことをしめした。だが、仮設住宅建設や、「生業」復興支援のスピードは東日本大震災とくらべてもあまりにもおそい。

シコシコしたおとみさんのタラの刺身や、カニみそと卵がたっぷりの香箱がにをつまみに能登の酒をあおるのが冬のぜいたくでした。しょっぱいコンカイワシは、あぶってほぐして、ミョウガといっしょにすし飯とまぜると、猛暑でも食欲がわきます。フグの子は、餃子の皮にのせてチーズをのせてオーブンで焼けばワインのつまみのミニピザに。里山里海の循環を舌で実感できる朝市の復活を祈っています。

取材年 2012年

場所 珠洲市・仁江

たった1軒のこった揚浜塩田

円錐形の桶「おちょけ（打桶）」を、腰を軸にして回転させると、桶の内側で海水が渦をつくり、投網のように弧をえがいてひろがる。一瞬の間をおいて、岩でくだけた波しぶきのように砂上にふりそそぎ、しめった砂が小さくはじけた。砂の上に均等に海水をまけるようになるまで10年はかかるという。

輪島から東へ40キロ。珠洲市の仁江《にえ》海岸で5代にわたって揚浜塩田をいとなむ角花豊さん（64）は早朝、天候や風向きをみて、100坪の塩田にまく海水量をきめる。真夏の晴天の日は容量430リットルの桶3杯分だ。

午後2時、塩の結晶におおわれて裸足の足がいたくなるほどの砂を沼井《ぬい》にあつめる。上から海水をそそぎ、砂

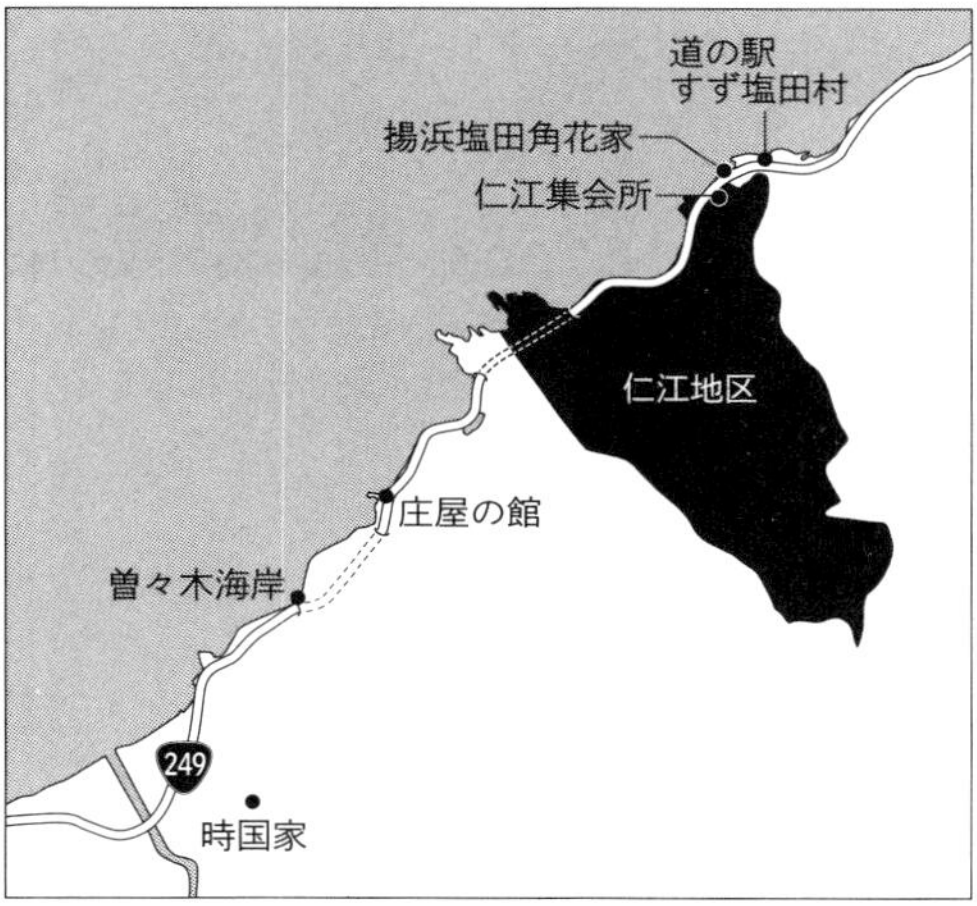

についた塩をとかすと、海水の最大7倍の濃度の「鹹水《かんすい》」が下からでてくる。

3日分の鹹水を巨大な鉄釜で約3時間炊いてさまし、濾過槽で不純物をとりのぞいたあと10時間煮つめる。セ氏60度になる茅葺きの釜屋内は、煙と蒸気で目もあけていられない。打ち寄せる波音の合間に、薪がはぜ、沸騰した海水の泡がはじける音が暗闇にひびく。

最初の「あら炊き」開始から約30時間後、煙が充満した茅葺き小屋に朝日が白い筋をえがくころ、黄金色の液体をおしのけるように白いかたまりが姿をあらわす。ミネラルが豊富な自然の塩だ。一釜から約100キロの塩ができ、副産物の液体（にがり）は豆腐店で活用される。

塩田に海水をまく角花豊さん

鉄釜で鹹水をにつめつづけ、ようやく白い塩が姿をあらわした

「死んだ戦友のため」孤塁まもる

いま能登半島では10数社が製塩業をいとなむが、20年前は角花家だけだった。先代の菊太郎さんは戦時中、軍隊で塩づくりを命じられ、外地への出征をまぬがれた。だから「イオン交換膜法」による食塩の登場で値段が暴落しても、「死んだ戦友のためにも命あるかぎりつづける」と孤塁をまもってきた。

能登半島は江戸時代、年間約2万トンの塩を生産し、加賀藩の参勤交代の費用の4分の1をその利潤でまかなった。海から人力で海水をくみあげなければならない「揚浜塩田」は、潮の干満を利用して海水を塩田にみちびく瀬戸内海の入浜塩田におされて衰退するが、ほかに産業がない半島先端部は、戦後も塩田がつらなっていた。角花さんの集落は約30軒のほぼ全戸が塩をつくり、冬は出稼ぎにでていた。

1959（昭和34）年の第3次塩業整備で、生産性のおとる能登の揚浜製塩は全廃された。観光目的で3軒のこったが、専売公社による塩の買い上げ価格が安く、2年後には角花家をのこして廃業した。

角花さんの記憶では65年ごろの公社の買い上げ価格は1トン2万円ほど。年間の生産量は2トン前後だから、とても生活できない。そこで公社職員の入れ知恵で、公社からはらいさげてもらった塩に微量のワカメをくわえた「わかめ塩」を売り、収入の柱とした。

専売制が97年に廃止されると、自然塩ブームもあって塩づくりが復活する。すだれや竹の枝に海水を散布し太陽と風で海水を濃縮したり、海水を直接釜で炊いたり、海洋深層水をつかったり……珠洲の海岸線は約10社が多彩な製法をきそう「塩街道」になった。

珠洲市笹波町の元農協職員、中谷《なかや》才治さん（71）は2012年6月、茅がおいしげっていた半世紀前の塩田を復活させた。

珠洲市内でも日本海側の「外浦」はとくに貧しく、中谷さんも中学卒業後、冬は関西の工場などではたらいた。年老いた住民が都会の子にひきとられ、笹波地区は26軒から12軒に半減した。

「都会は友達もおらん。タコ部屋にはいるのといっしょやぞ」

中谷さんは集落にのこるよう説得した。できれば都会にでた子どもに「帰ってこい」と声をかけてほしかった。仕事をつくるため、集落の10軒で「しいたけ生産組合」を組織し、1軒あたり100万円の収入増につなげたこともあった。

だから、電力3社が1976年に原発建設計画を発表すると、雇用創出と、雨の日に泥田となる道路の舗装を期待した。2003年に計画凍結がきまると「もうバスがとおる道はつかんなあ」と落胆した。だが11年3月、福島第一原発の事故がおきた。

「こんなに大切に思っている集落も、放射能にやられたらしまいや。今は原発ができんでよかったたって思ってます。（原発に反対してきた元県議の）北野進さんありがとうって気持ちですよ」

中谷さんの塩田は若者2人をやとった。世界農業遺産（GIAHS）認定にくわえ、原発事故で若者の自然や「食」への関心がたかまっている。

「能登の塩や農産物の評価がたかまり、昔のように塩田がつらなるようになれば、雇用もうまれ、集落に若者がかえってくるかも」と中谷さんは期待する。

取材年 2013年

場所 珠洲市

マツタケは製塩の副産物

珠洲はかつて石川県のマツタケの大半を生みだし、年間数千万円を売りあげるマツタケ長者も少なくなかった。この「里山の宝」をはぐくんだのも揚浜塩田だった。

珠洲市内の幹線道路から林道をわけいったアカマツの林は、やぶが刈りはらわれ、地面が露出している。樹齢は50年前後。アカマツは年に1本ずつ枝を増やすから樹齢が簡単にわかるのだ。

アカマツ林には、樹齢10年ほどでシバタケ、20年でシメジ、30年たつとマツタケが出現し、その後約30年間とれつづける。

「マツタケはこんなところにはえます」

1000町歩（1000ヘクタール）の森を管理する林業会社「すず森林」の中島敬志社長（55）が指さす。土がもりあがった風通しのよい一角だ。1本みつかれば、その周囲の雑草を刈って熊手で地面をならす。翌年以降は同心円状にひろがってマツタケが顔をだす。おなじ場所には二度とはえない。

海岸に塩田がつらなっていたころ、鉄釜で海水を煮つめるため、山からシバを切りだした。伐採をくりかえしてやせた山にはアカマツがしげる。製塩業者に売るシバの束には松葉や枝をつめこんだから、

アカマツ林で、マツタケがはえやすい場所について説明する中島敬志さん

林床は土が露出しマツタケが好む環境になった。中島さんの家にも巨大な熊手が5本あった。父も使途を知らなかったが、22歳で森林組合に就職してはじめてマツタケ山でつかうのだと知った。祖父の時代はマツタケを収穫していたのだ。

珠洲市史などによると、1900（明治33）年に11トン、大正時代は37・5トン。昭和10〜20年代は落ちたが、1961（昭和36）年には26トンを記録した。

ある集落では20数軒のうち5軒が5000万円以上を売りあげた。裏山のマツタケを出荷して維持費を捻出する「マツタケ寺」もあった。

中島さんは1977年ごろ、森林組合の作業現場で、やとった女性が背をむけて弁当を食べるのにでくわした。

「こんなんしかないげんやわ」

焼いて醤油をかけた松茸を飯の上にのせたわっぱの弁当箱をはずかしそうにみせてくれた。珠洲ではマツタケはあたりまえの食材だった。味噌漬けにして保存食にする農家も多かった。

アカマツ林を維持する役割をになった揚浜塩田は、1959年の第3次塩業整備をきっかけに姿を消した。アカマツを燃料につかう瓦工場も80年ごろになくなり、ベイマツの輸入で紙パルプとしての需要もなくなった。

山は放置され雑木が繁茂する。約25年前から拡大したマツクイムシが追い討ちをかけた。マツタケは周囲の木が1本たおれて環境が変化するだけではえなくなってしまう。生産量は1トン前後に減った。

珠洲市は2005年から、原発計画中止にともなって電力会社のカネでもうけた地域振興基金をつかってマツタケ山の再生にのりだした。毎年350万円かけて下草を刈り、古い木を伐採した。4年間で約10ヘクタール整備し、マツタケの発生も一部で確認できた。だが、「個人の山に補助金をいれるなんて」と反発され4年で中止になった。

「10年間データをとれば成果がみえたはずなのに。珠洲の山は天然林が6割を占め、マツ林もありバランスがよい。キノコや山菜をうまく活用すれば里山で収入をうみだせる可能性はあるんです」と中島さんは話す。

取材年 2012年、2024年

場所 穴水町・中居

左官のまちも塩づくりから

鋳物が衰退、左官の町に

鏡のような海にカキ養殖の筏がうかぶ中居湾（穴水町）をながめながら、高台の「さとりの道」を歩くと、わずか1キロの小径に9つの寺社があった。海沿いの中居の集落には重厚な蔵が軒をつらねる。わずかな農地しかないのに、多くの寺社と蔵をなぜたてられたのだろう。

中居は江戸時代、鋳物の町だった。砂鉄や粘土などの原料や、マツやクリの木などの燃料、天然の良港があったからだ。海水を煮つめる塩釜を製造し、能登一円の製塩業者に最盛期は2000枚の釜を貸しだした。原料の鉄がたりず、たたら製鉄の先進地である出雲や石見（島根県）から銑鉄《せんてつ》（炭素などの不純物をふくんだ鉄）をと

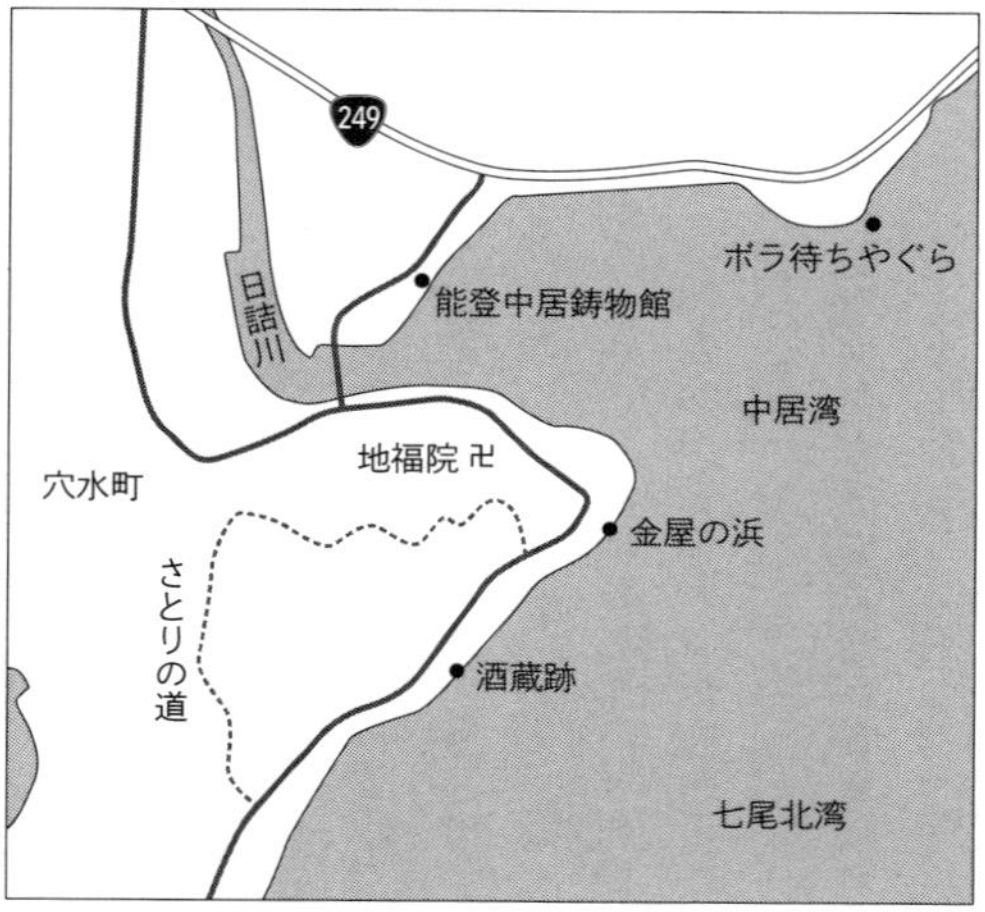

左官によってさかえた中居にはいくつもの蔵がたっている

りよせていた。

武器弾薬も鋳物なしにはなりたたないため、鋳物師は農民よりも位が高いとみられた。かごにのることをみとめられ、馬も優先的にかりることができた。ただし世襲ではなかった。

だが、加賀藩の庇護下で技術革新をおこたったため、薄くて安価で燃料効率がよい高岡（富山県）などの鋳物に負けて明治になると衰退する。最盛期13軒あった吹屋（鋳造作業所）は、１９２４（大正13）年、梵鐘の鋳造を最後に姿を消した。

職人たちは粘土で鋳物の型をつくる技術をいかして左官に転じた。

月収は大卒初任給の3倍

ゴムひも工場をいとなむ吉田幸治さん（79）の父は戦前、東京駅や赤坂離宮の建設にたずさわった。中居の左官は、全国の左官業組合の要職を占めた。吉田さ

1996年以来とだえていた「ボラ待ちやぐら漁」を松村さんらが復活させた

んがそだった東京・巣鴨の家には10数人の職人がすみこみ、玄関前には10数台の自転車がならんでいた。小学校には「女中さん」が送迎してくれた。

「弟子が全国で親方してるんだから義理の悪いことするな。もう左官の時代じゃない。サラリーマンになれ」

父に言われ、吉田さんは銀行に就職した。全国で左官の仕事をする親類から預金をあつめて営業成績は抜群だった。中居の町の一角には10軒ほどの「女郎屋」が軒をつらね、夜になると三味線の音がひびいていた。

高度経済成長期、男の子の大半は左官に弟子入りした。

漁業をいとなむ松村政揮さん（65）は5人兄弟全員が左官になった。１９６５年ごろ、大卒の初任給の3倍の月収があり、大阪万博の工事では1日5、6万円かせいだ。セメントでよごれた作業服のまま、30万円の札束を腹巻におさめてキタやミナミの繁華街で遊び歩いた。かやぶき民家ばかりだった集落は、左官の稼ぎによって１９５０年代半ばから一気に瓦葺きの屋敷にたてかえられた。

能登中居鋳物保存会の小泉正敏会長（68）は64年に郵便局に就職した。同級生があつまると、左官の友人の金払いは抜群で「月給とりになるなんて！」とバカにされた。

新建材の普及で左官業は80年ごろから下り坂になる。左官に弟子入りさせるかわりに、子どもを大学にいかせるようになり、卒業後は地元にもどらなくなった。60年に260世帯1200人だった中居の人口は、2012年9月には169世帯425人に減った。

空家がめだち、豪壮な蔵をもつ造り酒屋も売りにだされている。それでも豊かな時代の名残で、生け花や囲碁、茶をたのしむ人が多いという。

「穴水は観光スポットがないといわれるが、中居には素材が多い。鋳物の資料館はおそらく全国で唯一です。鋳物の体験コーナーをもうけるなど、魅力を発信していきたい」と小泉さんは話す。

造り酒屋の土蔵は消え、屋敷群も被害

2024年3月に再訪すると、「売り家」になっていた造り酒屋の蔵は消えていた。いくつかの屋敷はつぶれ、健在にみえる家屋にも「危険」としるされた応急危険度判定の赤紙がはってある。「さとりの道」も途中で崩落していた。

左官でさかえたころにたてられた立派な家々は築60年をすぎ、地震にたえられなかったようだ。独特の町並みは失われてしまうのだろうか。

日本一多彩な海藻食

ノリに小石や砂がまざっていないか点検する皆戸さん夫妻

能登では冬から春にかけて海藻が食卓をいろどる。30種類の海藻を食べる地域は、全国でも三重県の伊勢・志摩ぐらいしかみあたらないという。

収入源は「日本海銀行」

角花豊さんの塩田からほど近い、珠洲市仁江町の皆戸昭利さん（71）と洋子さん（69）夫妻をたずねると、居間にはコナ（カヤモノリ）という海藻でつくったノリがつみかさなり、部屋中に磯の香りが満ちていた。

冬、頬に紫のしもやけをつくりながら「米粒をひろうように」、コナやイワノリを磯でつみとって水で洗い、型枠で水を切って簾の上にのせる。風が吹きぬける縁の下でひと晩乾燥させ、1枚あたり5分かけてはさみで小石などをとりのぞく。10枚1500円（イワノリは3000円）で売れる。

輪島市と珠洲市の境のトンネル「八世乃洞門《はせのどうもん》」が1963年に開通するまで、仁江は珠洲市街からのバスの終点で、輪島側にぬけるには山道を歩くしかなかった。皆戸さんの家は3反（30アール）の田をつくり、伝馬船で漁をいとなんできたが、海が荒れる冬場は魚も野菜もとれない。コンカイワシ（イワシの糠漬け）をダイコンと煮たり、乾燥や塩漬けにした山菜が中心の食事だから、海藻は貴重なビタミン源だった。

乾燥した海藻は、女性が内陸の集落で売り歩いた。とくに正月の雑煮に欠かせないイワノリ（ウップルイノリ）は12月中は生で、1月以降はノリに加工して売る貴重な収入源だった。

「千畳敷」とよばれる磯で、手袋が高価だった時代は、かじかんで感覚を失った手を岩にたたきつけながらつんだ。家にもどって食器をあらおうとすると、傷ついた手はカミソリで切られたようにいたんだ。

昭利さんは珠洲市街の会社につとめていたが、洋子さんは息子3人をかかえて働きにでられない。イワノリが2月におわると収入源がないため、家で食べるだけだったコナを、イワノリ用の型枠や簾をつかってノリに加工することにした。イワノリにくらべれば値が安いから「そげなもん、お金にしようとして！」と笑われたが、町では飛ぶように売れた。

コナを1枚1枚、簾にはって「1枚○円だ」と言うと、

「母ちゃんがもうけたら、ぼくたちはうまいもんがあたる！」と、3人の息子ははりきって、枚数をか

ぞえる作業を手伝った。

「子どもに食わしてやりてぇって一心だった。人間というのはこまるとそれなりに考えて知恵がでてくるんもんだにゃあ」

洋子さんはふりかえる。

イワノリなどの海藻の売り上げは年間100万円ほど。

「年金だけだったら孫にお年玉もやられん。お年玉をやる時分にちょうどイワノリがあるし、入学や卒業のときにお祝いやれるさかい、たすかるがです」

必要なときに現金をもたらしてくれる海を「日本海銀行」とよぶ。

仁江も年々高齢化がすすみ、約30軒のうち今も海藻を採取しているのは6、7軒になった。

「手間もかかるし、厚さを均一にするのも大変だし、今の人はまねできんだろうね。私らの世代で終わりやね」

昭利さんはさびしそうだった。

200種の海藻がしげる雑木林

能登半島の外浦は、冬は海が荒れて漁にでられず、畑は雪に埋もれるため海藻を食べる文化がそだった。

のと海洋ふれあいセンターの池森貴彦専門員（45）は1997年のナホトカ号の重油流出事故を機に

石川県内の岩礁の動植物の調査をはじめた。能登半島の季節ごとの海藻量も計測してきた。

海藻は秋に芽吹いて冬に成長し、春先には全長10メートルにものびてジャングルのようにおいしげる。5月の連休がおわると一気に枯れてながれ、夏は陸上で冬枯れした姿のようになってしまう。

調査の結果、能登の海にはホンダワラ類を中心に約200種の海藻が確認された。単一種の草が密集することが多い太平洋岸とことなり、雑木林のように雑多な種類が混生していることもわかった。

全国的に磯焼けで藻場が激減し、能登でも2011年の海藻量は75年から半減した。それでも全国トップレベルだという。

「北はキタムラサキウニ、南はアイゴという魚の害がある。能登はその中間にあって被害が少ない。さらに、きれいな海でそだった海藻は環境の変化にたえる力をもっているようです」と池森さんは推測する。

200種類のうちどれだけ食用にしているのだろう? 皆戸昭利さんに一年間で食べる海藻をあげてもらうと、ウミゾウメン、ギバサ、カジメ、ノリハバ、アオサ……、たちどころに12種類あがった。池森さんによると、能登半島全体で約30種にのぼり、「伊勢・志摩とならぶ海藻文化」という。

日本一の能登の海藻だが、地元ではながらく、粕汁やみそ汁にいれる「あたりまえの食材」でしかなかった。

珠洲市真浦町の「庄屋の館」は20年ほど前、冬場のメニューとして海藻の活用を思いついた。家で食べる粕汁をヒントに、酒粕をトッピングした独自の「海藻しゃぶしゃぶ」を考案した。

6種類の海藻を酒粕の入っただしで食べる「海藻しゃぶしゃぶ」

酒粕入りのだし汁に海藻をくぐらせると、鮮やかな緑に変化する。磯の香が舌にとろけるアオサ、ぬるぬるしたダイズル（アカモク）、気泡がプチプチとつぶれるギバサ（ホンダワラ）……。冷凍保存することで、一年中6種類の味を提供できるようにした。「海藻しゃぶしゃぶ」は珠洲市内の飲食店や旅館の冬の定番メニューになった。

「世界農業遺産で海藻がみなおされ、漁師の生活がなりたつようになってほしい」と和田丈太郎料理長（39）は期待する。

２０１１年５月に朝日新聞輪島支局に転勤になってはじめて食べた海藻は「エゴ」でした。煮とかしてトコロテン状にかためると、プルプルモチモチで、ミネラルや食物繊維が豊富な健康食品です。

冬の海藻の王様は、磯の香が抜群のイワノリでしょう。１枚約３００円と高価だけど、友人の漁師は１膳分のごはんを巻いてしょうゆをつけ、「土管」とよんでかぶりついていました。貴重な海藻食の文化をつたえる海辺の集落の復活を願ってやみません。

取材年 2024年

場所 珠洲市・仁江

土砂崩れで9人が犠牲　長期避難を強いられた仁江

2024年2月、海沿いの国道249号は寸断されているから、山の小道をたどって日本海側にでた。「道の駅すず塩田村」にも、重要無形民俗文化財に指定された角花家の塩田にも人影がない。地震による隆起で海岸線は100メートルちかく後退している。これでは塩田に海水をくみあげるだけでも大変だろう。

角花さんの塩田から西へ約300メートル歩くと、海藻について取材した仁江の集落だ。能登半島地震で崩落した山は尾根からふもとまで茶色い地肌をさらしている。土砂は直下の民家を直撃し、正月をすごしていた9人の命をうばった。

無人の集落は、波音にまざって冷たい風がビュービューとうなる。大地の泣き声のようだ。

5月、仁江を再訪した。

角花さんの塩田は整地されている。なんとか復活できるようだ。

仁江は全23世帯が被災者生活再建支援法にもとづく「長期避難世帯」に認定され、土砂災害の対策工事が終わるまで2年か3年は集落にすめないことになった。

集会所にいた南仁《ひとし》さん（64）に、皆戸さん夫妻の消息をたずねると、地震までは自宅にいたが、今は夫婦とも施設にはいっているという。

目つきがするどいスキンヘッドの男がやってきた。

「こいつは仁江の反社会勢力や」

南さんがそう紹介したのは浦幸栄《こうえい》さん（58）。地震後に白山市にたてた家からかよってきている。

この日は3人が集会所に泊まり、家をかたづけたり、芋を植えたり、ワカメをとったりしているという。

暗闇のがれきで赤ちゃんを抱きあげた

元日午後4時すぎの地震後、浦さんが海をみると一気に水がひき、海底が沖まであらわになっていった。

「でっかい津波がくるぞ！」

住民たちは一目散に高台の避難場所に逃げた。その途中、山がくずれて民家をおしつぶしているのを目にした。その家はふだんは4人暮らしだが、親族8人が帰省していた。親族のひとりである警察官の男性は、最初の地震がおきて仕事にいくために屋外にでた。直後に本震がおそい、彼の目の前で11人が生き埋めになった。

現場にかけつけた若者たちは「なにをしていいかわからん……」とたちつくした。

地震前の仁江の裏山＝2014年

地震で斜面がくずれ９人の命をうばった＝2024年

「なにやっとるんや！　屋根の瓦を全部はがせ！」

浦さんはさけび、つぶれた屋根によじのぼった。若者たちも瓦をはがして、板をめくるが、そこで動きがとまる。

「いつまで板をもってるつもりや！　こうするんや！」

浦さんは怒鳴って、足でバキバキと板を踏み割る。

ヘルメットがないからニット帽をかぶり、屋根上にあいた穴から、真っ暗な家のなかにとびこんだ。がれきの下からきこえる声をたよりに捜索する。

断続的に余震がつづく。

「ただいまぁ、震度5の地震が発生しました……気をつけてください」

のんびりした調子で防災無線がひびく。

「声をたよりにさがしてるのに。やかましい、だまれや！」

がれきの外にいる4歳上の先輩は余震のたびに「おーい、揺れるぞ、でかいぞ」「気をつけろ」と声をかけてくれた。

浦さんは最初にみつけた男性をだきあげたが、意識はなく唇は紫色になっていた。

まだ下から声がきこえる。

電灯をがれきのなかにいれて、グルリとまわす。

「この光がみえたら声をだせ！」

「みえた！」

声がした方向をさがす。

午後8時すぎ、浦さんは倒壊した家の真っ暗な空間で生後2カ月の赤ちゃんを抱きあげた。

「この子をはじめて抱っこするのががれきのなかかぁー」

涙があふれた。

その後に救出した父親はあとで浦さんに言った。

「(余震が)かなりでかいぞ、って声がきこえて、みんな逃げるんやと思った。なのにオーイと声がした。……津波警報がでて、ながされて死ぬんやって思ったら、幸栄の声がきこえたんや」

翌1月2日午前11時すぎには家の主人の中谷六男さん(88)が救出された。

「ありがとうな、ありがとうな」

手をあわせる六男さんに浦さんは言った。

「元気になってから言え！」

だが六男さんは自衛隊のヘリで搬送中に亡くなった。

3日の晩まで集落の人たちだけで捜索し、4日以降は自衛隊にひきついだ。9人が亡くなった。

元日の晩、西側の輪島市方面が明るかった。

「ここは停電やのに、なんで輪島は電気ついとるんや」と浦さんは思った。プラネタリウムのような、みたことがないほど美しい星空もよくおぼえている。なのに、がれきのなかでのことは断片的にしか記憶にない。

「一番おぼえているはずのことをおぼえてない。人間は本当につらいことはわすれるんかなぁ」

アワビ食べ放題の避難生活

元日の夜の捜索後、浦さんは若者たちに「みんなを集会所にあつめろ」と命じた。

安否を確認するため、まず名簿をつくった。中学教諭をしている南さんの息子が住民のＬＩＮＥグループ「仁江町ＬＩＮＥ集会所」をつくった。スマホがない高齢者は子どもの番号を登録した。これがバラバラに避難したあとの住民のつながりをたもつ手段になった。

３日の晩までは約50人が集会所に寝泊まりした。

当初は湧き水を焼酎のペットボトルでくんできて炊事やトイレにつかっていたが、それではたりない。「道の駅すず塩田村」にあった20リットルのポリタンクをもってきた。

捜索を自衛隊にひきついだあとは、昼間は自宅の片付けなどをする。

隆起した海岸ではサザエやアワビがとり放題だ。南さんは日ごろから素潜りをしていたから、アワビのいる場所を知っている。岩にはりついたアワビを毎日50個から１００個もとった。

アワビごはんやサザエごはんがつづくと、調理する女性たちの表情はしだいにけわしくなる。そして「殻をとって身だけだせ！」と言う。それでもとりつづけると「もうとってくんな。みたくもない！」

なのに男たちは海にいくと、ついついバケツいっぱいとってしまう。

「母ちゃんたちにみっかんなよ。おこられっさかい」

女性の目をぬすんで、夜中に薪ストーブのまわりにあつまり、鍋で煮たり壺焼きにしたりして酒のあてにした。

1月9日、土砂災害の危険があるため、集会所にいた20人余りは大谷小中学校へ避難した。20日すぎには親類の家や富山などのホテルに2次避難した。

24時間つづく酒盛り、飲むたびにけんか

仁江は半農半漁のムラだ。春はワカメ、6月になるとサザエやアワビの素潜り。山では、フキやウド、ワラビなどの山菜がとれる。過疎の奥能登ではめずらしく、子どもの数も多かった。

「30軒しかなかったのに、オレは同級生が6人もおった。仁江は豊かでいいところげんて」と南さん。

昔から男たちはことあるごとに酒宴をひらいてきた。10月の秋祭りには子や孫も帰省してキリコをかつぐ（第4章参照）。まずは神社の正面にある南さん宅で飲み、次は隣家にうつり、さらに別の家へいき……「朝まで」どころか翌日の晩まで飲みつづける。

けんかっぱやいのも仁江の特徴だ。集落の会合や祭りで飲むと、2回に1回はとっくみあいになる。でも翌朝は目のまわりを腫らしながら「おはよー」とあいさつをかわす。

輪島市の海士町の漁師は気性の荒さで知られ、輪島にやくざが少ないのは海士の漁師がいるからだ、ともいわれている。その海士の漁師が仁江の秋祭りをひやかしにきて、しばしば大げんかになった。

集会所のホワイトボードにしるされた1月9日までの食事メニューにはサザエごはんやサザエのサラダも。左が南さん、右が浦さん

「わしら、海士なんてこわないわ。いつもどつきあいしとったわ。なぁ！　反社会！」

南さんが浦さんの肩をバシンとたたいた。

集会所を「家」に　簡易水道を手作り

２次避難で住民はバラバラになってしまったが、多くの人たちが「水道さえくれれば帰れるのに」と口にしていた。地元に恩返しをしたくて、浦さんは自費で井戸を掘ろうと思いたった。市役所は「試験掘りをする」と約束してくれた。だが、その約束ははたされず、井戸計画は頓挫した。

せめて集会所を快適につかえるようにしたい。20リットルのポリタンクでトイレの水をはこぶのはめんどうだ。

50メートル先の側溝からホースで水を引き、集会所前に設置した５００リットルの水タンクにためる。その上においた２００リットルのタンクまでポンプで水をあげ、トイレや台所に水を供給できるようにした。６月にはボランティアが浄水器をつけてくれることになった。

「家にすめないんだから集会所がみんなの家や。今ここでできることをひとつずつやっていく。集会所ですめるがにすれば、みんな帰ってこられる。ここに泊まって酒をのめば、祭りをやるかって気になれるかもしれんしね」

地元の人はあたたかい

浦さんは、亡くなった中谷さん一家の遠縁にあたり、家族同然のつきあいをしていた。中谷六男さんは浦さんを息子のようにかわいがってくれた。

小学生のときからサザエ網の漁を手伝い、中学生になると朝5時から定置網の作業をして、カワハギの皮をむいた。ワカメの雌株やサザエがおやつだった。

「おれといっしょに漁師をせーっ」と六男さん。

「イヤじゃ」

「漁師がいやなら学校いけー」

「勉強なんてイヤじゃ！　学校って（名前が）つけばどこでもええんか？」

「どこでもええ」

「そんなら自動車学校いくわ！」

……そんなやりとりを今も鮮明に思いだすという。

元日の夜、危険ながれきのなかに浦さんはまっさきに飛びこんだ。ニット帽をかぶった頭は傷だらけになった。

「おまえはよーやったな」と集落の人たちは言ってくれる。

「そうじゃない。たまたまそこにいたなかでオレが一番ジジーやし、半分人生おわってってからやっただけや。地元の人はあったかい。みんなが手伝ってくれた。ほんとにみんなのおかげやわ」

「……それにオレが死んだってうちの母ちゃんが喜ぶだけやしな」

南さんは隣で笑いながら大きくうなずいた。

「そこでうなずくなっ！」

スキンヘッドの浦さんは大声で吠えた。

取材年　２０１１年
場所　珠洲市・蛸島と高屋

珠洲原発をとめた生業と信仰

電力３社が珠洲市内に計画した珠洲原発は、住民の反対運動がつづくなか、需要低迷などを理由に２００３年に「凍結」となった。巨大開発で地域社会がズタズタにひきさかれる例は多いが、珠洲ではなぜ国策だった原発をはばめたのか。かつて反対運動にたずさわった人たちを取材した。

自立した専業漁師が反対つらぬく

珠洲原発は１９７５年に珠洲市が誘致を表明し、翌年に関西・中部・北陸の電力３社が共同開発構想を発表した。出力１３５万キロワット級２基を計画し、北電の協力で関電が高屋地区、中電が寺家地区で立地活動を展開

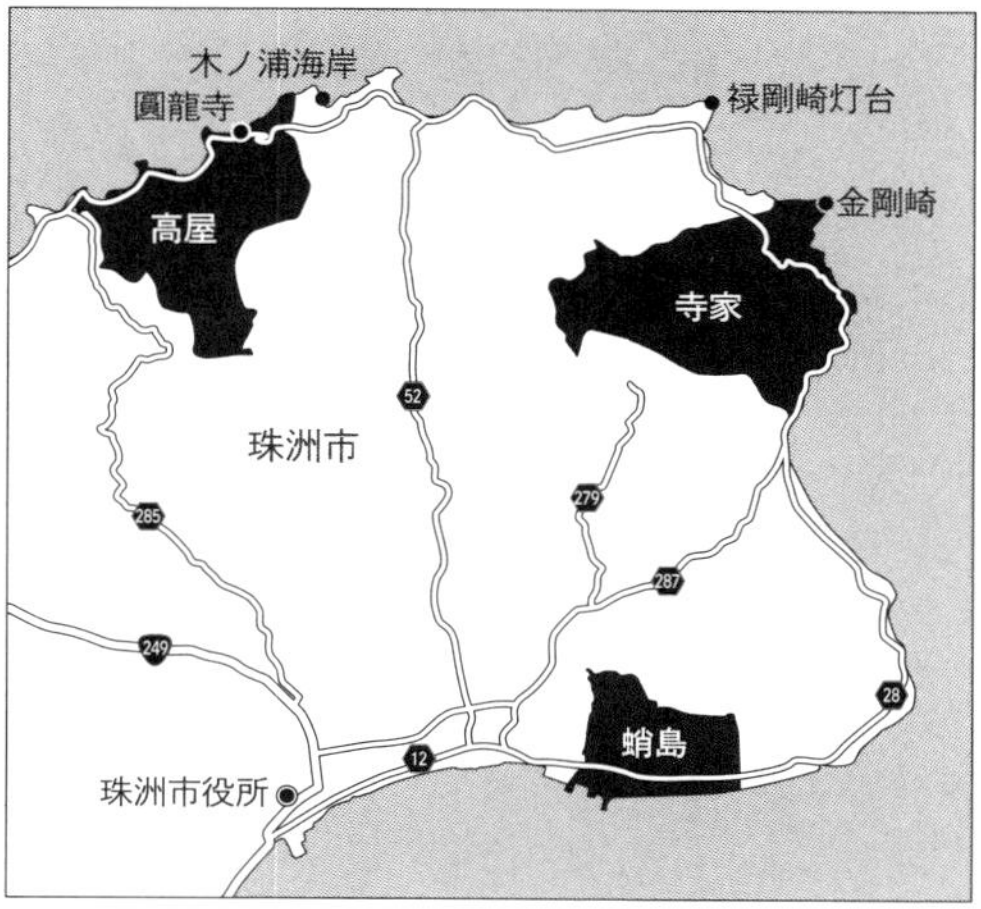

蛸島港のカニの水揚げ。旧蛸島漁協は原発反対運動の拠点のひとつだった＝2011年

した。

89年5月、珠洲市蛸島町の前淑子さん（67）は原発の立地計画がある高屋地区で電力会社と住民が押し問答しているときいて、蛸島漁協（現ＪＦいしかわすず支所）婦人部の仲間と車でかけつけた。立地可能性調査のため山にあがろうとする関西電力社員らをはばむため、住民が道路にすわりこんでいた。

タチウオ漁の真っ最中でいそがしかったが、毎日のように高屋にかよった。70年代前半、富山湾のポリ塩化ビフェニール（ＰＣＢ）汚染による風評被害で魚価が暴落した記憶があるから、富山湾に面した蛸島の漁師らの原発への拒否感はひときわ強かったのだ。

高屋地区は当初、ほぼ全世帯が原発に反対だった。だが、土地をめぐって億単位の金がうごき、電力会社による視察旅行や接待、関連会社への就職斡旋などの攻勢もあって次々にきりくずされる。高屋の漁師が所属する珠洲北部漁協（現ＪＦいしかわすず支所）も「推進」に転じた。市内7漁協のうち、蛸島漁協以外の6カ所は「反対」の旗をおろした。

なぜ蛸島漁協は最後まで反対をつらぬけたのか。

漁協青年部で反対運動にかかわった前野美弥次・JFいしかわすず支所統括参事(59)は、蛸島はほかにくらべて専業漁師が多かったと指摘する。

「半農半漁で漁業後継者のおらんところは『補償金をもらったほうがいい』となってしまった。蛸島では原発とは共存できん、という思いが強かった。漁師は農家とちがって行政からの補助はほとんどない。おかみに依存してないから反対運動をたたかいぬけた」

電力会社は珠洲市内に巨額のカネをおとした。高屋地区では、原発工事がはじまればとりこわされる場所に、農産物の保冷庫やキリコ収納庫などが次々にたてられた。蛸島漁協にも「見返りはもとめないからカネをつかってください」と市役所が何度もたのみにきた。拒否しつづけたが、原発計画凍結がほぼ確実になった2003年、海水の滅菌処理施設(1億5800万円)の受け入れをきめた。ほとんど同時期に「凍結」が発表された。

その後、前野さんらは「市民に開かれた漁協づくり」をめざした。小学生の見学をうけいれ、食育の講師をひきうけた。夏には幼稚園児の地引き網体験イベントをもよおしている。

「反対運動をしているころは、推進派の子は子どもでも憎たらしかった。漁協に市民をよぶなんて考えもしなかった。地引き網のイベントは融和の象徴やね」

今後はコンカ漬け(イワシの糠漬け)やトコロテンなどの昔の食べ物を復活させて、老人も子どももよろこべる漁村づくりをしたいという。

一方、放射性廃棄物の処理施設をうけいれた青森県六ヶ所村を視察したことがある前淑子さんは、不安をぬぐえない。蛸島の漁師は経済的に自立し行政に依存していなかったから原発反対をつらぬけた。だが今、建設業や農業は衰退し「自立」の経済的基盤は弱まっている。

「この状況で処分場の誘致計画がもちあがったら、欲に目がくらんでうけいれることにならんでしょうか」

念仏となえて座り込み

1989年5月、30代だった珠洲市の主婦は近所の寺でひらかれた原発問題の報告会に参加した。「今しか(計画は)とめられない」「1週間しか時間がない」……という話をきき、関西電力が立地可能性調査を開始した高屋地区にむかった。お年寄りが、念仏をとなえて道路にすわりこむ姿が強く印象にのこった。

女性は長期化する争いにつかれ、のちに運動をはなれたが「お寺の住職さんたちが運動の心の支えだった」とふりかえる。

珠洲市内約70カ寺のうち「原発反対」の声をあげたのはかぞえるほどだが、反対派が公民館などの使用をこばまれるなか、大半の寺は反原発派の集会の会場を提供した。

建設予定地のひとつ、高屋地区にある圓龍寺の塚本真如住職(66)は「強い者の味方をしたら坊主

原発予定地のひとつ高屋地区で反対運動をになった塚本さん

じゃない」「右か左か迷ったらつらい方をえらべ」と幼いころから父におしえられ、24歳で寺をついだ。志賀町につづいて珠洲に原発計画がもちあがり、反対運動にかかわるようになった。

原発事故が相次いだ福井県をたずねると、民宿が「地元の魚はつかっていません」とかかげている。知人の僧は「門徒さんが次々にガンで亡くなる」ともらし、みずからもガンで亡くなった。「『命より大切なものはない』という信仰と原発とは相いれない」と確信するようになった。

89年の高屋地区での立地可能性調査では、反対運動の支援者約50人が2カ月間、寺に泊まりこんだ。

3時間ごとの無言電話が10年間つづき、いやがらせの手紙が毎日のようにとどく。

「老人ホームの院長をやりませんか」「寺を建てかえますよ」という詐欺師まがいの男もたずねてきた。

行政や電力会社との話し合いはいっさい拒否した。しかしそんな最中でも、「推進派の人たちの個人攻撃だけはするな」

と仲間に言いつづけた。

珠洲では住民のあいだに今も深い溝がのこる。反対していた人の多くが「原発は反対だけど、もう思いだしたくない」「（推進派の）旦那様が牛耳る町で生活しなければいけないし……」と口をつぐむ。だが高屋地区では2003年に計画凍結がきまると、推進派の住民は塚本さんに「終わってよかったねぇ」と声をかけてきた。すぐに昔のつきあいがもどった。

漁師のかたわら飲食店を経営する番匠さつきさん（59）は「塚本さんがいたから地区がまとまった」と言う。

「私の家は推進側だったけど、お寺には毎日遊びにいって、活動の話はいっさいしなかった。塚本さんがトップにいたから亀裂がのこらずにすんだ。震災があって福島の事故がおきて、孫のことを考えると原発がなくてよかった。でも、珠洲がさびれんようなことを、反対しとった人たちも考えてほしい」

塚本さんは次のようにふりかえる。

「年とって、町におる若い衆に『じじー、でてこいや』と言われたら土地を売るのはダメとは言えない。反対派も推進派もおなじ弱い人間です。それが対立しているうちは『幻の原発』がのこっている。世界農業遺産の認定が、幻の原発をのりこえるきっかけになったらいいね」

珠洲市中心部の浄土真宗の寺にうまれた元市議の落合誓子さん（55）は、東京でルポライターをつとめたあと帰郷し、原発問題をつたえる月2回の新聞「トリビューン能登」を発行してきた。

高屋地区での座り込みの際、こんな光景を目にした。

写真を撮影する県警の刑事に、反対派住民の手があたった。

「公務執行妨害で逮捕する！」

刑事がさけぶと、うしろにいた地元の警察官が刑事を羽交い締めにしてさけんだ。

「やめろ。偶然ぶつかっただけだ！」

「お寺の人を逮捕したら、警察の行事で地域の協力をえられなくなる」と、もらしたという。

真宗の教えがみずから反対をつらぬく力になったという落合さんは、信心深い能登の風土が、とくに高齢者の「反原発」をささえたと考えている。だが一方で、反対派は最後まで過半数をとれなかった。

「かつて民衆の自治をつくりだした真宗は、江戸時代に骨抜きにされ、人々の政治意識をねむらせる役割をはたした。そんな精神構造と私たちはたたかってきたのだとかんじています」

取材年 2011年、2024年

場所 珠洲市・飯田

原発とたたかった理容師はミュージシャンに

珠洲原発計画への反対運動にとりくんだ理容店主・橋本弘明さん（64）は、電力3社が撤退した2003年以後、運動の闘士からアマチュアミュージシャンに「転身」した。東日本大震災から9カ月後の11年末、珠洲市役所の東の若山川のほとりにある「ヘアーサロンはしもと」をたずねた。

あいつぐ怪文書・無言電話

1975年に珠洲市が原発誘致を表明して以来住民はまっぷたつにわれ、市長選や県議選ではげしくあらそった。

89年の市長選では、反対派から北野進さんが立候補した。

橋本さんの友人の乗光寺の坊守・落合誓子さんが北野さんを応援していたから、橋本さんは事務所の電話番をひきうけることにした。86年のチェルノブイリ原発事故にくわえ、「事故はおきませんと言ってるのにしこたま金をばらまいてた。直感的にあぶないと思った」からだ。

こっそり手伝うつもりが、すぐに推進派にばれた。

ミュージシャンになった橋本弘明さん＝2011年

「(市職員の) 弟は出世できんぞ」とおどされ、弟にたいしても「なぜ兄貴は、現職と敵対するところにいるんだ」と圧力がかかった。

怪文書や無言電話があいつぎ、警察は担当課長がかわるたびに散髪にきた。デモをしたらビデオで撮影された。大卒の落合さんや北野さんは「あいつらはカクマルや」などと中傷された。

自営業者の多くは「商売にさしさわる」と反対運動から距離をとったが、橋本さんはひらきなおった。

夜な夜なあつまり、チラシをまいた。市役所に39日間連続で泊まりこみ、役所から自宅に仕事のためにかよったこともあった。

「役所を占拠するなんてすごいよね。過激派やがいね。でもだまって39日もいさせてくれた。やさしさよね。俺だったらすぐ排除するよ。15年でぼくらもつよーなったわいね。権力者にたてつくのはおもしろかったねぇ」

店には推進派はこなくなったが、反対派の人がくるから売り上げはかわらなかった。

選挙をすると、賛成派が6割、反対派は4割だった。

「選挙に負けても、長びかせることでとまるんじゃないかなあ、と漠然と思っていた。98年ごろには電力会社が事務所を縮小しはじめ、これで勝ちやと確信したねぇ」

電力3社が03年に「凍結」を表明すると気がぬけた。ひまな時間にパチンコにでかけているうちに、若いころにギターの弾き語りのアルバイトをしていたことを思いだした。

「還暦までに200曲うたおう！」

56歳のときギターを手にとった。

「理容店主のささやき」というCD11枚を自主制作した。演歌やフォーク、ラテン音楽まで192曲を収録した。店の客に無料でくばるうちに年2、3回は舞台にたつようになった。

なつかしい歌をききたい人たちが、ときには300人ちかくもつめかける。旧推進派も反対派もいる。推進派の拠点だった商工会議所から、いすをかりてくることもある。若い世代のアマチュアミュージシャンも次々に誕生している。

「原発がくれば市は活性化したのに」という旧推進派の声は根強かったが、2011年に東京電力福島第一原発の事故がおきてから、旧反対派が感謝されることが増えた。

「今ごろはうちにくるお客さんにも『原発に賛成する人は国賊やぞ』と言ってる。アマチュアミュージシャンが増えたのは、みんなで音楽をたのしめる融和の雰囲気がでてきたからでしょう。41歳から15年

水道も復旧していない町にすみつづける橋本さん。
対岸の住宅地は津波で多くの家が倒壊した＝2024年

間オカミにはむかってきたんやさかい、俺も今も腹にイチモツあるけど、これからもせまい土地でいっしょに生きていかないけん。珠洲の人は腹黒うなったかもしれんね」

津波と隆起が襲った原発計画地

地震から40日後の２０２４年2月10日、「ヘアーサロンはしもと」をたずねた。１９９４年築の建物は、瓦が落ちてわずかにかたむいた程度だったが、川の対岸の海沿いの住宅地は、地震にはたえたはずの新しい家々も、高さ2メートル弱の防潮堤をこえた津波で破壊された。浸水した車は放置されている。断水状態だから、近隣の５００人の9割は市外に避難したままだ。橋本さんの息子一家も、仕事がないから県外に避難した。橋本さんは、毎日湧き水をくんできて循環風呂で入浴しているという。

元日の午後4時すぎ、震度5強の地震につづいて強烈な揺れがおそった。外にでて若山川の河口をみると、水がひいて海底が露出している。

かつての木ノ浦海岸＝2012年

隆起した木ノ浦海岸＝2024年

「やばい！　津波がくる！」

午後4時にショートステイからかえったばかりの97歳の母と、近所のベトナム人を車にのせて飯田小学校に逃げた。3日後、川べりの自宅にもどると、津波で浸水して店は悪臭がただよっていた。

福島第一原発の事故で、原発のおそろしさをだれもが痛感したはずだが、志賀原発で事故がおきたら孤立を余儀なくされる奥能登4市町の首長は、志賀原発の廃炉を要請することはなかった。

「能登町長も珠洲市長も、海路で避難させることも考えると言ってたけど、1万人も2万人も乗る船をいったいどこにおいとくがいね。しかも隆起して外浦は港もつかえん。避難計画なんて絵にかいた餅だったわいね」

橋本さんとわかれたあと、珠洲原発の計画地の寺家地区を経由して、もうひとつの計画地の高屋地区をめざした。報道によると、塚本真如住職の圓龍寺本堂は全壊し、高屋の住民の大半は加賀市のホテルなどに避難している。

海岸沿いの道路は高屋の1キロ手前で通行止めだった。

永作博美主演の映画「さいはてにて」（2015年）の舞台になった木ノ浦海岸は、プライベートビーチのような美しい湾だった。その海岸をたずねると、湾は隆起し海底の岩礁があらわになっている。

もし高屋に原発があったら……、震源直上の原発が無事だったとは思えない。揺れにたえられたとしても、隆起で冷却水を確保できなくなっていた可能性が高い。反原発運動は、能登の人々を放射能汚染からすくったのである。

もし珠洲に原発が完成していたら……立派な道路や巨大な「道の駅」や文化会館ができたでしょう。20年後、原発からの税収が減り、多くの施設が老朽化して建て替え時期をむかえると、「もう1基増設」となる。一度口にした毒饅頭は食いつづけるしかありません。最後は能登半島地震で大事故をおこして終わったことでしょう。カネの魔力に屈せず、原発を拒んで能登の自然と伝統をまもった人たちには感謝しかありません。

第2章

風土と歴史がはぐくむ絆

日本海の海路が主要な交通ルートだった江戸時代、能登は「日本海ハイウェー」の重要な結節点だった。その歴史は今も人々の気質に影響をあたえている。ため池の管理や、強烈な季節風への対応も、独特の景観と人間関係をはぐくんできた。

取材年 2012年

場所 輪島市門前町・深見と黒島

船員のムラ、抜群の団結力で集団脱出

２００７年の能登半島地震で、海岸道路のどんづまりにある輪島市門前町の深見集落は、土砂崩れで孤立した。だが集落ぐるみで漁船で脱出し、避難所でも当番制をもうけてみずから掃除や炊事をになった。その団結力はどこからうまれたのだろうか。

道路寸断で孤立、船で集団脱出――深見

標高２００メートルの絶壁にたつ猿山岬灯台周辺には3月末、白や薄紅色の雪割草が咲きほこる。登山道の入口にあたる深見は、毎年この時期だけは多くのハイカーでにぎわう。

２００７年3月25日、区長の板谷弘さん（77）は雪割

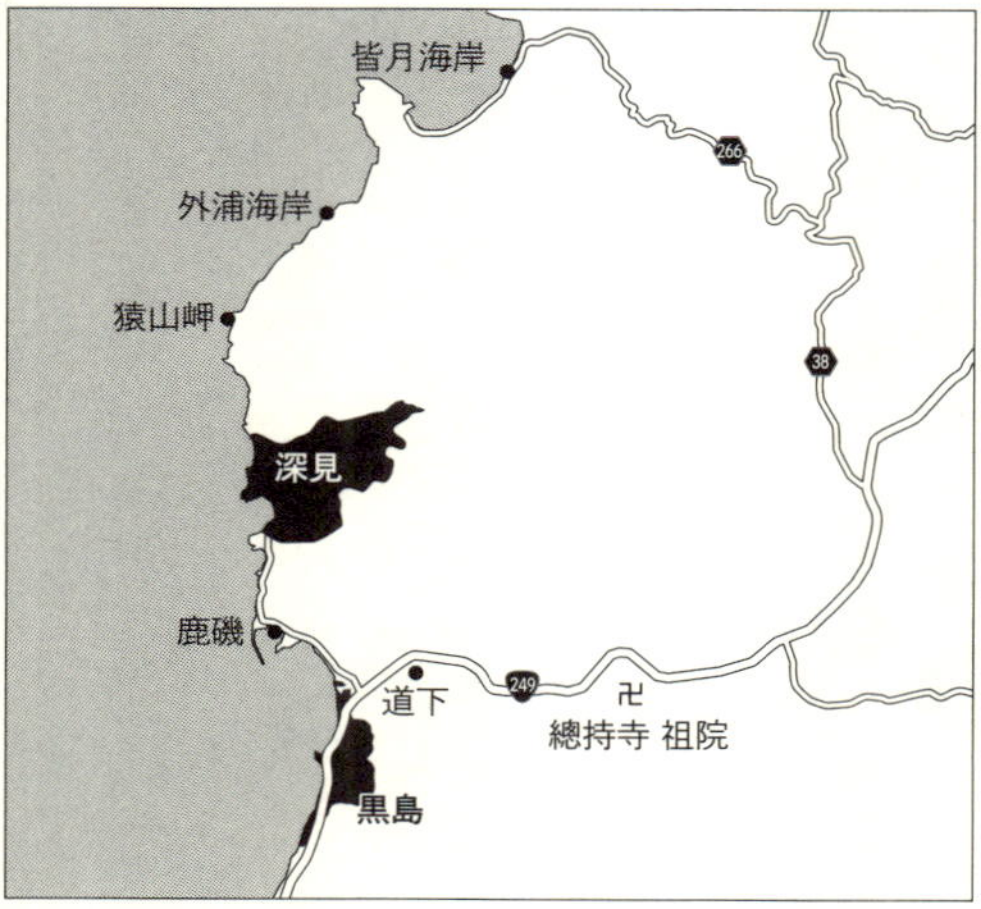

2007年の地震当時の区長・板谷さん。背後の山が崩落して深見は「陸の孤島」となった＝2012年

草見学の登山客の受け付けをしていた。突然ドーンとつきあげられ、経験のない揺れがおそった。

集落の約80人は3カ所の高台に避難した。北海道南西沖地震（1993年）の津波で漁船が防波堤にのりあげたことがあるからだ。まもなく「津波は50センチ」との予報がはいり、人々は漁港にあつまった。

突然、数百メートル先の崖がくずれ、巨岩が轟音とともにころがり落ちて2車線の海岸道路をふさいだ。山越えの細い道も土砂や倒木でうまり、集落は孤立した。

板谷さんは漁業会社の漁船をよび、約60人が4トンの漁船にのって2キロはなれた鹿磯《かいそ》港に脱出した。

男性約20人は集落にのこり、山側の道の土砂や倒木を除去し、軽自動車がとおれるようにした。亀裂がはいった崖にはビニールシートをはった。だが2

日後、市役所から全員退去するようもとめられた。

深見の住民は市内の避難所で1カ月くらしたあと、約7カ月間を仮設住宅ですごした。仮設住宅や避難所で深見の住民と接した男性は「門前はどの集落もまとまりがあるが、深見は、清掃も炊事も手際よく分担して抜群の団結力だった」と評する。

「選挙でも全員の票がかたまる。地震はつらいことばかりだったが、団結心があるから区長しとってもやりやすかったよぉ」

板谷さんはふりかえった。

全国の灯台を建設、戦後は船員に

深見は1966年の海岸道路開通までは「陸の孤島」だった。地区内には分校しかないから、小学5年生以上は山道を1時間歩いて道下《とうげ》地区の学校にかよった。戦前は大半の住民が集落内で結婚していた。

お宮の祭神は「赤ちゃん神様」だ。年3回の祭りでは、生米をすりおろした「すり粉」を笹の葉の上にのせてそなえる。

「貧乏なムラで鯛はあげられんから『精進神様』ってことになったんやろね」と板谷さん。

海岸の清掃や山道の草刈りなどの「仲間仕事」が年4回あり、参加できない人は1日5000円の出不足金をはらう。こうした行事や会合は年20回を超える。

平地がなく、急斜面に棚田をきざむ半農半漁のムラだから、戦国時代末期には年貢にたえかねて全村

山と海のあいだのせまい土地に密集した深見の集落＝2014年

が10数年間、新潟に逃げた歴史をもつ。

出稼ぎも戦前からさかんだった。１９２０年完成の猿山岬灯台の建設に総出で参加して技量をみとめられた深見の男たちは、北海道から沖縄まで全国20カ所の灯台建設に従事した。かれらは「田舎の農漁民」ではなく、先進的な仕事ができるトップレベルの技術屋集団だったのだ。

戦後の一時期は肥料用のイワシ漁がさかんだったが、その後は働きざかりの男はこぞって船員になった。１９７７年には世帯主36人中26人を船員が占めた。

「船員は炊事も洗濯も自分でやる。定期的に防火訓練もする。団結が欠かせない生活の経験が、避難所での生活で役だちました」

35年間貨物船で世界を航海した吉田勲さん（62）＝区長＝は話す。

深見では毎月末、消火訓練をしている。非常用の飲料水を交換し、集会所を掃除する。東日本大震災後は津波を想定した訓練も実施した。

輪島市周辺は1833（天保4）年に7・2メートルの津波におそわれ、市街地だけで207軒がながされた。そのためか深見周辺の漁村の墓地は高台にもうけられた。だが高齢化で坂をのぼるのが大変になり、深見の墓はすべて平地におろされた。

「墓にあがれんからしかたないが、（東日本の）津波をみて、昔の伝説は大事にせなだめやと思いましたね」

板谷さんはかたった。

避難所で生きた「婦人消防隊」の経験

岡山県出身の六田貞子さん（58）は1973年、20歳で深見に嫁いできた。2キロ南の鹿磯までは舗装道路だが、そこからは車のすれちがいもむずかしい土の道だった。

あまりのへんぴさに「だまされた」と思った。

「せめて鹿磯にすもう」と何度もたのむ貞子さんに夫は言った。

「鹿磯にでたら（さらに人が多い）道下にでたくなり、次は金沢にいきたくなるにきまっとる」

「おなかに赤ちゃんがいなかったら絶対わかれてた」と六田さんは笑う。

深見は、谷沿いのわずかな平地におりかさなるように民家がつらなり、江戸時代には大火で全集落が焼けたこともある。66年に海岸道路が開通するまでは消防車もたどりつけなかった。働きざかりの男は船員だから集落にいない。そこで留守をあずかる女性が58年に「婦人消防隊」を結成。２台の軽便ポンプで放水訓練を毎月かさねてきた。

07年３月25日に能登半島地震がおきると、消防士だった六田さんの夫はその日のうちに漁船に自転車をつんで出動した。

「おらっちをおいていくんけ！」

貞子さんが不満をもらすと

「仕事やさけぇ、いかんならん！」

そう言って家をでて、１カ月間かえってこなかった。

最初に避難した門前西小学校体育館には、２００人超の避難民がつめかけた。救援物資がとどくと他地区の区長は「50軒あるから水１００本くれ！」などともっていくが、深見は区長が集落にのこったからまとめ役がいない。

「私らもほしいんやけど……」

浜谷久美子さん（65）がおずおずと切りだすと「あんたらは言わんさけぇあたらん（もらえない）」と言われ、悔しい思いをした。

数日後、深見の住民は阿岸公民館にうつった。みずからも被災したのに家族をかえりみず、食事の分配や清掃にあたる市職員をみて、六田さんが提案した。

「みんな大変なのはいっしょ。できることは自分たちでしよう」

元気な女性を4人ずつ7班にわけ、当番の日は朝5時から食事をつくり、総菜用に山でミズブキやワラビをとってきた。部屋掃除や仮設トイレの消毒も分担した。親類などから差し入れがあると等分にわけて「○○さんの娘さんからミカンをいただきました」と紹介した。運動不足解消のためラジオ体操もした。

「公民館では深見の人だけになり、避難生活が快適になりました」

集落単位で避難する意義を六田さんは強調する。

男手がない集落で「婦人消防隊」などの活動をしてきた経験が、深見の女の結束力をうみだした。でも六田さんは笑いながらこう言う。

「夫以外の男には強いけど、パパには絶対服従。私もパパがいたら（避難所を）しきるなんてできなかった」

元船員の夫をもつ浜谷さんも笑ってつけたした。

「たまに帰ってくると朝昼晩ごちそうつくって大事にする。普段いないからなおさら夫をたてるんよ」

平均年齢74歳でも「ワンチーム」

抜群の結束をほこった深見でも高齢化は深刻だ。かつて標高200メートルの猿山岬灯台の直下まできざまれていた棚田は森にかえった。最後まで田をつくっていた3軒も07年の地震で水管理ができなくなり、耕作をやめた。「火の用心」をよびかける「夜番」は「年寄りが川にでも落ちたらかえってあぶない」と休止した。

「平均年齢は70を超え、あとは櫛の歯がぬけるようになるんでしょうが、いざという時には体が不自由な人をたすけて避難できるかたちをつくっていきたいね」

吉田勲区長（62）は話した。

北前船以来の船乗りの防災力――黒島

深見の3キロ南、海沿いの高台にひらける黒島地区は、北前船の船主や船員の居住地としてさかえた。「黒瓦」「格子」「下見板張り」という特徴をもつ町並みは国の重要伝統的建造物群保存地区であり、旧角海《かどみ》家住宅は廻船問屋の住宅として国の重要文化財に指定されている。07年の地震で大きな被害をうけて輪島市に寄贈され、3億4200万円かけて11年に復元された。

黒島地区は07年の地震で3分の1が半壊以上で、約200人が高台の公民館に避難した。その経験をふまえ、09年に輪島市で最初の自主防災組織をたちあげた。

北前船以来の伝統で、黒島地区には昭和40年代は200人超の船員がいた。船員は自分で炊事も洗濯もする。集団行動もなれている。避難所となった公民館では、商船のコックをしていた男性5、6人が炊き出しを担当した。夫の留守を切り盛りしてきた女性は、高齢者の安否確認や家の片付けを手際よくこなした。

12年まで10年間区長をつとめた川端一人さん（76）も57歳まで外国航路の船乗りだった。

かつての黒島の町並み。左が角海家＝2011年

「給水時間やごみ収集日の伝達など、組織的な動きが得意でたすかった。今の自主防災組織のメンバーも大半は元船員です」

だが、船員文化は消えつつある。黒島の船員は12年に最後の１人が退職した。過疎もすすみ、06年に２２８世帯４７９人だったのが13年は２０９世帯３９７人。高齢者の割合は７割を超えた（20年は１５４世帯２７６人）。

09年３月、市役所のすすめで町内会長ら21人で自主防災組織を発足させた。阪神・淡路大震災後にできた防災士の資格をとる研修も毎年数人が受講している。

「自主防災で対応できるのは安否確認や要介護の人のお世話、避難所の運営ぐらい。でも定期的に訓練をすると災害のこわさを実感できる。高齢化がすすんでいるからなおさら、組織での訓練が大切だとかんじています」と川端さんはかたった。

取材年 2024年

場所 輪島市門前町・深見と黒島

ヘリで集団脱出、避難先ホテルでミーティング

地震で倒壊した角海家

能登半島地震後の２０２４年2月12日、黒島地区をたずねると旧角海家住宅は主屋が完全につぶれている。３分の１の家屋が全半壊した07年の被害を上まわりそうだ。

次に３キロ北のどんづまりの深見集落にむかうが、２キロ手前の鹿磯港から先は通行止めだった。

07年には深見の住民はここまで船で集団脱出したが、今回はヘリコプターをつかった。その理由はすぐにわかった。

門前町の海には、天然の岩海苔を収穫するコンクリート製の「のり島（のり畑）」がつくられている。それが隆起して「陸」になっている。砂浜をまもるため沖合に沈めた消波ブロックも、真っ白な岩礁の上にころがっている。海岸線が１００メートル以上後退したのだ。

隆起前の深見の漁港＝2014年

隆起で海底をさらした漁港
＝2024年

鹿磯港は約4メートル隆起して海底が露出し、漁船が何隻も座礁していた。これでは船をだすことはできない。

備蓄の水が活躍、田んぼに手作りトイレ

海岸道路が仮開通した5月半ば、深見をたずねた。

鹿磯港の座礁した船は撤去され、まもなく底をほりさげる工事がはじまるようだ。

海岸道路を鹿磯から5分たどった終点が深見の漁港だ。木造小屋に収容した船はスロープで海におろすのだが、港の底は干上がっている。

しずまりかえった集落の道端に、女性がふたりすわりこんでいた。以前取材した六田貞子さん（70）と浜谷久美子さん（77）だった。仮設住宅からかよっているという。

「昔、朝日新聞で取材にきたんですけど、おぼえてますか？」

「いやぁ、かっこいい男以外はおぼえてないわ！」

六田さんからつれない返事がかえってきた。

元日、六田さん宅には息子と小学4年生の孫がきていた。夕方、最初の地震がおきた。

「また珠洲かぁ。こんだけならたいしたことねーわ」

のんびり話していたら、激震がおそった。

仏壇も神棚もころげおち、戸や窓もふっとんだ。

六田さんは孫の上におおいかぶさった。

玄関の戸も窓も落ちて東屋のようになり、隣家の浜谷さんがヨタヨタちかづいてくるのがみえた。

「くるな！　そこでじっとしとれ！」

揺れがおさまって外にでて海をみると、ザザーッと音をたてて潮がひき、真っ白な岩場が広々と露出している。

「すごい津波がくるぞ！　もうおしまいだ」

隆起だとは思わなかった。

まもなく帰省していた人をふくめ約60人が集落の避難所にあつまってきた。

避難所には20リットルの水タンクを5つ常備し、月に1度、水を交換していた。火事にそなえてポンプでの放水訓練もくりかえしていた。大半の男性が船員だったころは「婦人消防隊」が作業をになったが、今は男性が担当している。

各家から、餅やアワビ、サザエ、タコなどの食材をもちよった。なかには1パック9800円の牛肉もあった。

「みてみて、こんなぜいたくな肉、平生《へいぜい》は食べれんよね」

備蓄の水で煮こんで「ごった煮汁」にした。六田さんは畑のジャガイモをコロッケにして冷凍していたからそれを揚げた。

家のトイレはつかえない。男たちが田んぼに穴をほり、2枚の板をわたして、周囲をブルーシートでかこって仮設便所をつくった。他人の田んぼに排泄するのが申し訳なくて、自分の畑で用をたす人もいた。

「12日間、おいしいものを食べて、トイレも気兼ねしないから、でるものも盛大にでたよぉ」

六田さんと浜谷さんは笑いながらふりかえる。

毎朝7時にミーティングをひらき、「今日は道をかたづけます」などと、その日の作業をわりふった。「なにか家の作業を手伝ってほしい人?」とよびかけ、手をあげてもらう。

浜谷さんはひとり暮らしだから、自分では力仕事は手に負えない。

「男の人がガラスがわれたところにテープをはって、天井にブルーシートをはって、なんもかんもしてくれました」

共同作業以外は自宅の戸や窓を修理し、雨もりをふさぎ、とびちったガラスをかたづけ、川の水で何度も何度も拭き掃除をした。六田さんも浜谷さんも10日ほどで自宅の片付けを終えることができた。

避難先ホテルでもミーティング

1月11日、市の職員がやってきた。

「ここは危険だから全員避難してください」

「いやですっ！」

六田さんは即座にこたえた。

「急病人がでても、救急車も消防車もこられん。なにより命が大事です。水もないから衛生的じゃありません」

説得されてしぶしぶ避難をうけいれた。

翌12日、ヘリコプターに8人ずつ乗って3キロ南の門前西小学校の体育館に避難した。体育館では、料理や配食を手伝いながら20日間すごした。

ほかの地区の人と混在する60人の共同生活だから気をつかう。きたないトイレにいきたくないから食も細くなり、体調もくずす。深見集落の避難所にくらべるとつらい日々だった。

「深見は不衛生って言われたけど、徹底的に手を洗って、使い捨ての手袋をつかって、コロナも食中毒

隆起以前は海だった場所にたつ浜谷さん（左）と六田さん

もでなかった。小学校の避難所のほうがよっぽど不衛生やったわ」

六田さんは毒舌で解説する。

2月はじめ、六田さんら12人はJR金沢駅の裏のビジネスホテルに2次避難し、4月5日まで約40日間をすごした。ホテルでも正午、みんなが弁当をとりにくる場所に六田さんが待っていて「ミーティングは4時ね」とつたえ、毎日欠かさずロビーで顔をあわせた。

「深見の仲間は最高！」

一方、浜谷さんは、強制避難前日の1月11日に娘がむかえにきて、隆起した岩場を四つんばいで歩いて鹿磯に脱出し、金沢の娘の家で3カ月半をすごした。

07年の地震では、浜谷さんの母は孫の家で1カ月間すごしたが、「もう二度といかん。深見をはなれたくない」と何度も口にしていた。

「17年前のオババの気持ちがよおわかりました。娘の旦那がおるから気づかいするし、娘はきついし……。私は深見で最後までずっとおりたい。なにかあったらみんな声をかけて協力してくれるし、深見の仲間が最高！」

4月はじめ、道下地区に仮設住宅ができて、金沢などに避難していた人たちも門前町にもどってきた。でも門前町全体が07年よりさらに高齢化し、家々の建てかえはすすみそうにない。

「あと生きても10年や。家はたてん」「アパートをつくって終の家としてかしてほしい……」

避難所や仮設住宅ではそんな声ばかりきくという。

深見の被害は全壊3軒と大規模半壊や半壊の家もあったが解体するのは4軒だけ。大規模半壊の人も修理してそのまますみつづけるという。

「深見の魅力はなんですか？」

私がたずねると、岡山出身の六田さんはニヤッとわらって毒舌を吐いた。

「私は町にでたいけど、パパと子どもがここに絶対おるというから、しかたないからおるだけ。深見のよいところは、言いたいことを言えるし、私の言ったことをみんなきいてくれるところ。私はパパの前ではかりてきた猫やけど、家の外では虎や、アハハ」

07年の地震と今回のちがいについてきくと、六田さんは断言した。

「今回とくらべたら、17年前なんて屁のようなもんやわ！」

はじめて深見をたずねた2012年には約70人がすんでいたが、12年間で約20人減った。押しも押されぬ「限界集落」だ。住民が死ぬまですみつづけるにはヘルパーや訪問看護師などの支えが欠かせないだろう。でも、この団結力と明るさがあるかぎり、たまには子や孫がUターンしてきて、ムラは生きつづけるのではないか……。そんな気がしてきた。

MEMO

深見

戦国末期の16世紀末、過酷な年貢にたえかねて村ごと新潟に逃散。10数年後に半数がもどって村を再興した。1889年に諸岡村の一部に。1954年の合併で門前町に（06年から輪島市）。明治期は漁業中心で廻船業の家も。戦後不漁になると、多くの男性は海運会社に就職した。2010年は33世帯73人。20年は28世帯56人。

取材年 2013年

場所 輪島市・上大沢と大沢

間垣がまもる「奇跡のムラ」

能登半島の外浦（日本海側）にかつてみられたニガタケの垣根「間垣」は、サッシの普及などで大半が姿を消した。だが「最後の秘境」とよばれた旧西保村（輪島市）の上大沢と大沢では今も独特の景観がのこる。なかでも、22軒の家が間垣にかこまれている上大沢は、周囲の深刻な過疎にもかかわらず、家の数が100年来変化しない「奇跡のムラ」という。間垣にはムラをまもる力があるのだろうか。

突風吹きすさぶ「風の都」

輪島市中心部から断崖がつづく海岸線を西へ15キロ。東西を崖にはさまれた入り江の奥に延長500メートル

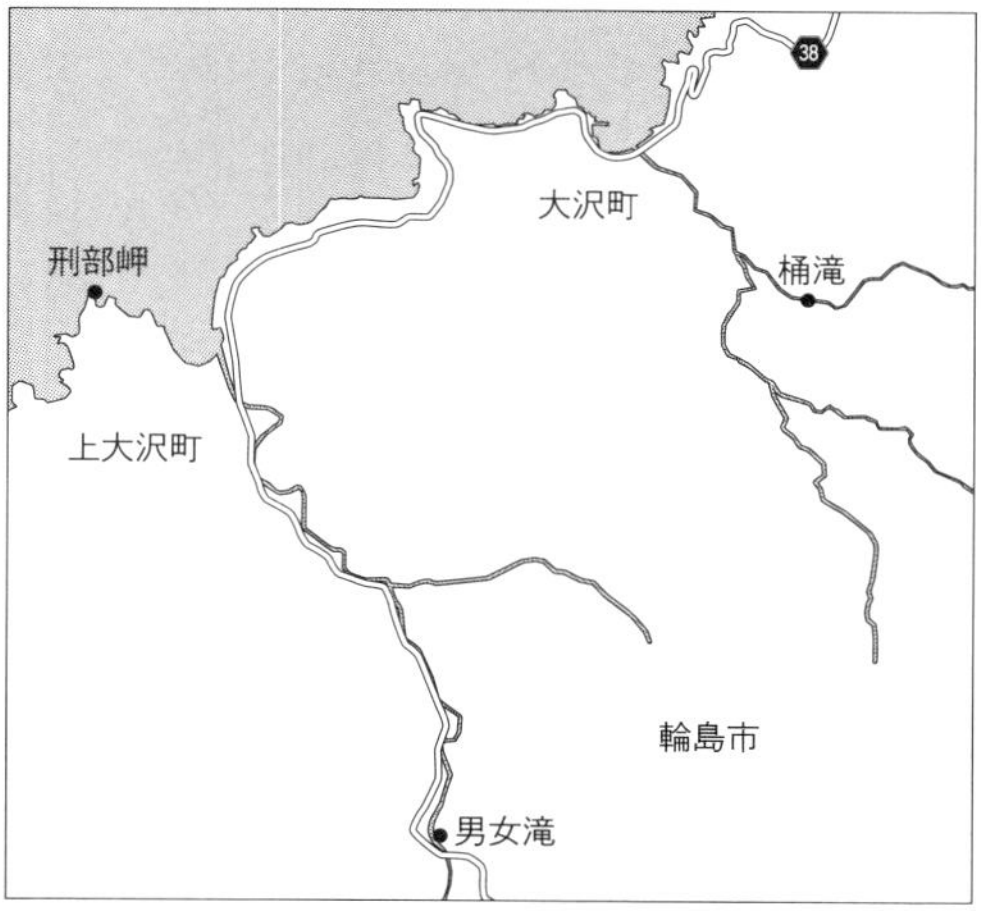

集落を半円形にかこむ高さ5メートルの間垣＝2014年

の半円形の間垣にかこまれた上大沢集落がある。

北北西の海に面した集落には、日本海にせりだす東西の崖にあたって増幅された北西の季節風が吹きつける。台風なみの風で波しぶきが霧のようにたちあがる冬の日、集落に一歩はいると、軒下の干し柿が微風でわずかにゆれていた。

橋本忠明さん（72）が約2キロ山側の小学校にかよっていたころ、下校時には集落の手前約20メートルの岩陰にかくれ、風が弱まる瞬間をみはからって間垣にかけこんだ。

「山側は風がないのにこの部落だけおそろしい風が吹く。間垣にはいると風がとまり気温もちがう。ホッとしたもんよ」

住民はみずからの集落を「風の都」とよぶ。

海山の幸と団結をほこる里

上大沢のある旧西保村（1954年の合併で輪島市）は、1960年まで徒歩でしかたどりつけず、「石川県でただひとつ自動車のとおらない町」と随筆にしるされた。役場のある3キロ東の大沢地区にバスがきたのは61年で、上大沢までのびたのはその15年後だった。70年代の観光ガイドは西保地区を「最後の秘境」と紹介した。

秘境の村のそのまた端にある上大沢はしかし、村内ではゆたかな集落だった。

1軒あたり6、7反（60～70アール）の田にくわえ、山をひらいた「ノウ」とよぶ畑で大麦をそだてた。初夏は暗くなるまで浜で麦をハザ干しする作業におわれた。海では「カツオ」とよぶクロマグロの子がとれ、ゆでてからワラで軒下につって乾燥させ、なまり節のように加工した。マグロが不漁になるとイワシやタチウオがとれた。トコロテンをつくるエゴやイワノリなどの海藻はいまも貴重な収入源だ。60年代半ばに出稼ぎが増えるまでは、海と山の幸で生計をたててきた。

抜群の団結力も上大沢の特徴だ。

山の水を大型タンクにあつめて家々に給水する施設を70年代に独力で整備した。植林で山の湧き水が減ると負担金をだしあって2005年に上水道をもうけた。

バス路線延伸をもとめて北陸鉄道や県に集落総出で陳情にかよい、通勤・通学・通院での利用者数の見込みを計算して交渉し75年ごろに実現させた。耕地整理も旧西保村でもっともはやかった。選挙ではこぞって保守系候補を応援し、各種の陳情で議員につきそってもらった。

磯で摘んだイワノリを型枠で水を切って簾の上にのせて乾燥させる＝2013年

初夏、トコロテンをつくるエゴ＝2011年

「選挙で応援するかわりに部落に協力してくれってかんじで、昔の人は気概があったわいね」と橋本さん。

「昔の年寄りが団結して耕地整理や農道整備をしてくれたもんで、つとめながら機械をつかって農作業ができる。だから若いもんももどってくるんだと思います」

乾燥した間垣にかこまれた集落でなによりこわいのは火事だ。正月の寄合の区長の第一声は「今年はまず第一に火の用心を心がけてください」ときまっている。

10年前までは、子ども5、6人が拍子木をたたき、「火の用心」とさけんで、夕食のにおいがただよう集落を夜回りしていた。

「ずっと昔から2月の祭りの日に防火機器を点検してるし、花火も風のある日はやらせん。心ひとつにして火事に気をつけてきた。団結力が間垣のおかげかどうかは知らんが、間垣なしに生きてこられなかったのはたしかや」

志礼義光区長（64）はかたった。

輪島塗のアラカタづくり、消滅

上大沢から3キロ東の大沢には、海岸線に約800メートルの間垣がつらなる。今は乾燥させたニガタケをつかうが、海岸道路が整備されるまでは葉のついた青竹をさしていた。緑の葉のあいだに巣をつくるスズメを、子どもたちは漁網でつくったタモ網でつかまえた。

藩政時代、大沢には「十村《とむら》」とよばれる大庄屋がおり、近隣の産物があつまった。1954年の合併で輪島市になるまでは西保村の役場があった。

大沢は、輪島塗の椀木地の材料となるケヤキのアラカタ（木地の原型）の産地だった。

大沢の集落のちょっと上にある桶滝は、桶の底が抜けたように、岩窟の天井に空いた穴から大量の水がおちている。ここには全国に分布する「椀貸し」伝説がつたわっている。

倶利伽羅《くりから》峠のたたかいで木曽義仲に敗れた平家の武士が逃げてきて、桶滝川の上流のこもり穴にすみつき、椀などをつくって大沢の村人にかしていた。ところがある村人がかりた椀をかえさなかった。す

桶の底が抜けたように水が流れる
桶滝

アラカタ（右）をうすくけずると
椀木地（左）になる

ると落人は消え、こもり穴には虚空蔵菩薩の木像がのこされていた。村人はこれを供養し、以後、椀型（アラカタ）をつくるようになった。

能登半島各地で伐採したケヤキが船で大沢にはこばれ、器の大きさに切断して内側をくりぬく。天井の竹のすのこにならべて、いろりの火で3カ月間いぶし、輪島に出荷した。最盛期は約100軒のほぼすべてが冬場の賃仕事にしていた。

大沢地区唯一の旅館を経営する田中輝夫さん（72）の家は、輪島からの車道が開通する1960年ごろまで海運業をいとなみ、海が荒れる冬はアラカタづくりや農作業にたずさわった。

若いころ、仕事が少ない冬は夜ごとに家々をわたり歩いて囲碁や麻雀をたのしみ、ときに演芸会もひらいた。イワシの刺し網漁がさかんだった1950年代までは、どの家でもコンカ漬け（糠漬け）をつくり、いしる（魚醤）づくりもさかんだった。

だが高度経済成長で出稼ぎが増え、テレビが普及すると雰囲気は一変する。囲碁や演芸会をたのしんでいた若者はテレビに釘づけになった。アラカタも、ほかの産地との価格競争で衰退した。

アラカタ1個が10円。これをロクロでひいて椀木地になると100円、漆を塗ると1000円、蒔絵《まきえ》をほどこすと1万円……と、10倍ずつになるといわれていた。市議会議員だった田中さんは輪島商工会議所の会頭だった漆器会社社長にうったえた。

「アラカタづくりは、山から木を伐って、手ではつって、いちばん苦しいのに二束三文にしかならん。下にも利益がいくようにしないと原材料をつくるものがおらんがになって大変なことになりますよ」

「利益をもとめるのが優先や。安いものをいれるのはあたりまえや」と相手にされなかった。大沢のアラカタづくりは2000年に最後の1軒が廃業。輪島塗のアラカタは市外の業者から仕入れるようになった。

「利益がもう少しあれば、機械に投資して生きのこれた。目先の利益で伝統文化が失われてしまいました」

風うけとめる「待ちの文化」

耕作放棄地が増え、田畑の法面にしげっていたニガタケはやぶにおおわれた。はしごをのぼって間垣のニガタケをさしかえる作業は高齢者にはきつい。間垣保存のための輪島市の補助金も年々けずられ、一戸あたり年2000円程度しかない。10年ほど前から、製材所ででる端材をつかった簡易型間垣やブロック塀にする家が増えてきた。間垣がある20軒のうち、みずから作業できるのは9軒だけになった。

田中さんらが危機感をつのらせていた2011年秋、金沢大学の学生4人が間垣の補修を手伝いにおとずれた。翌年は15人がひとり暮らしの高齢者宅2軒の作業を手伝った。休耕田にニガタケをうえる実験もはじめた。

間垣からブロック塀に転換した田中さんの近所の家は、塀にあたる北風が垂直にふきあげて屋根瓦をこわし、夏は塀が熱をおびて暑くてたまらなくなった。そこで、塀の外に間垣を再生したら、いくぶん涼しくなった。

「間垣のよさはわかっているけど、年寄りには維持できなかった。毎年学生さんがきてくれるかたちができれば存続していけるかも。ちょっと希望がみえてきました」

元輪島キリコ会館館長の藤平朝雄さん（73）＝第4章参照＝は10年ほど前、海岸沿いの自宅の庭に間垣をこしらえた。すると、猛烈な季節風で庭に吹きだまっていた大量のごみが消えた。湿気や塩気を吸収し、波音をしずめ、夏の西日もふせいでくれた。

「風をシャットアウトするのではなくやさしくうけとめ、うけいれる姿勢は、ボラ待ちやぐらにもつながる能登の『待ち』の文化の象徴です。間垣がなくなればその心も失われる。逆に間垣をまもり復活することが、能登の美しい心をはぐくむことにつながると思います」

「山いけば自由、海くれば自由」

水も電気もない集落にかよいつづける、徳光しさのさんと河上てるこさん

全村避難の里にかようおばあさん

能登半島地震から5カ月後の2024年5月末、上大沢と大沢をたずねることにした。平時は輪島市街から車で20分ほどだが、海沿いの県道は復旧していないから、山側の峠道を迂回する。

輪島から1時間かけて峠を越え、しばらくくだると、谷間に田んぼがひろがり、上大沢の集落にはいった。隆起していない半分ほどの田には水がはられ、苗が風にそよいでいる。上大沢は水道も電気も復旧していないが、避難先からかよって作業しているのだ。

間垣のあいだから、電動シニアカーにのったおばあさんが2人あらわれた。徳光しさのさん（85）と河上てるこさ

隆起して海底をさらした大沢の漁港

ん（84）。2人は避難先の金沢から3、4日に一度、子や孫につれてきてもらっている。

「若いもんらは仕事がないさけ、もどってくるかわからんけど、不便でもやっぱりうまれそだったところはええ。わたい（私）らは80、90になるさけ、もういっとき（一時）やと思うさけね」

「自由をしたいさけね。山いけば自由、海くれば自由、うちにおっても自由やさけー、それで、もどってくるんよ。わたいらもいいし、嫁さんたちもいいだろうしね」

2人は満面の笑顔をのこして山あいの田んぼに去っていった。

潮が一気にひいた「すわ大津波か」

海沿いを東へ2キロ走って大沢の集落にはいった。漁港は隆起によって白い海底をさらしている。

港では河原源作さん（79）が、隆起して海底をさらす港から船をだす準備をしていた。輪島の仮設住宅からかよってい

船をうかべに仮設住宅からきた河原源作さん

るという。

「魚をとって、生魚を食って晩酌してぇ。きょうはなんとか船を海にうかべるつもりなんや」

元日は子や孫が7人もあつまっていた。

「今晩はどんなごっつぉ（ごちそう）にしようか」……と話していたらグラッとゆれた。

「震度5」とテレビにテロップがながれた。

「なんともねーわねー」と笑っていたら、ドカーン、ダーンという轟音がひびいた。足がうごかない。隣にいた20歳の孫娘の頭を必死になってかかえた。

「津波がくるぞー！」

揺れがおさまると叫び声がきこえる。

山の上に避難して海をふりかえると、ズアーッと音をたてて、潮がわずか5、6秒で一気にひいていく。とんでもない大津波だと思った。

大沢では2軒が全壊したが、死者やけが人はなかった。

ふだんは60世帯100人余りだが元日は150人以上いた。

公民館には約50人が避難してきた。われた窓から冷たい風がふきこむなか、体を横たえた。震度5前後の余震がつづき、そのたびにキャーという悲鳴があがる。一睡もできず、睡眠不足で体調をくずす人もでてきた。

正月の餅などをみんなでわけあったが、3日ほどで食べ物はつきた。5日からヘリが食糧をはこんでくれるようになった。携帯電話はつながらない。一部の漁船が装備していた衛星電話だけが外界との連絡手段だった。

1月11日、公民館のグラウンドにヘリコプターが着陸し、6人ずつ輪島市街のマリンタウンまではこばれ、河原さんは山代温泉（加賀市）の温泉旅館に避難した。

水平線をみると、気持ちがすーっとなる

2カ月半の旅館暮らしでは、運動不足にならないよう、毎日7階まで階段を上下した。でも、肩や腰、足に痛みがでて、手が上にあがらなくなる。筋肉がおちて重い荷物がもてなくなった。

4月はじめに輪島の仮設住宅に入居したあとは、毎日のように大沢にかよっている。昔から漁業も大工も米づくりも林業もこなしてきた。大沢で力仕事を再開して1カ月をへて、ようやく重いものをもてるようになってきた。

「温泉旅館なんて1泊か2泊して酒のんでさわぐところよ。長くいるもんじゃねぇ。大沢にかえってきて、水平線をみてると気持ちがすーっとなる。仮設なんかにいると頭のなかがモヤモヤしちゃってね。

やっぱ、海がええわぁ」

「家を解体してどっかにいくっていう人もおる。若いもんはおっても仕事がないもんね。60世帯あったけど、30世帯のこるかなぁ。オレは、家は半壊でかたむいているけど、80年間すんでるんやし、つぶれるまですみますわ」

そう言って愛船「第二源翔丸」の舳先をたたいた。

MEMO

間垣の里
2012年、上大沢は22戸67人、大沢は88戸202人。20年は、上大沢は20戸47人、大沢は57戸126人。
上大沢は分家をきびしく制限したため、戸数はほとんど変化していない。
間垣は昭和30年代までは、能登半島の外浦全域にみられた。大半はコンクリートやブロック塀にかわり、50年代以降は上大沢・大沢にかぎられるようになった。

取材年　2011年、2024年

場所　輪島市町野町・曽々木海岸

歴史をかきかえた網野善彦の原点「時国家」

輪島市街から東へ20キロ、曽々木海岸は、板状の岩に直径2メートルの穴があいた奇岩「窓岩」で知られている。

曽々木は、能登で最長の河川・町野川の河口にあたり、かつて大きな潟湖があり、昭和のはじめまではたくさんの船が出入りしていた。

町野川沿いに海から800メートルさかのぼると、下《しも》時国家《ときくにけ》、さらに300メートル上流に上時国家《かみときくにけ》がある。

下時国家は間口24・2メートル、奥行き14・7メートルで、敷地内に安徳天皇をまつる社がある。上時国家は間口29・1メートル、奥行き18・1メートル。いずれも江戸時代にたてられ、国の重要文化財に指定されている。

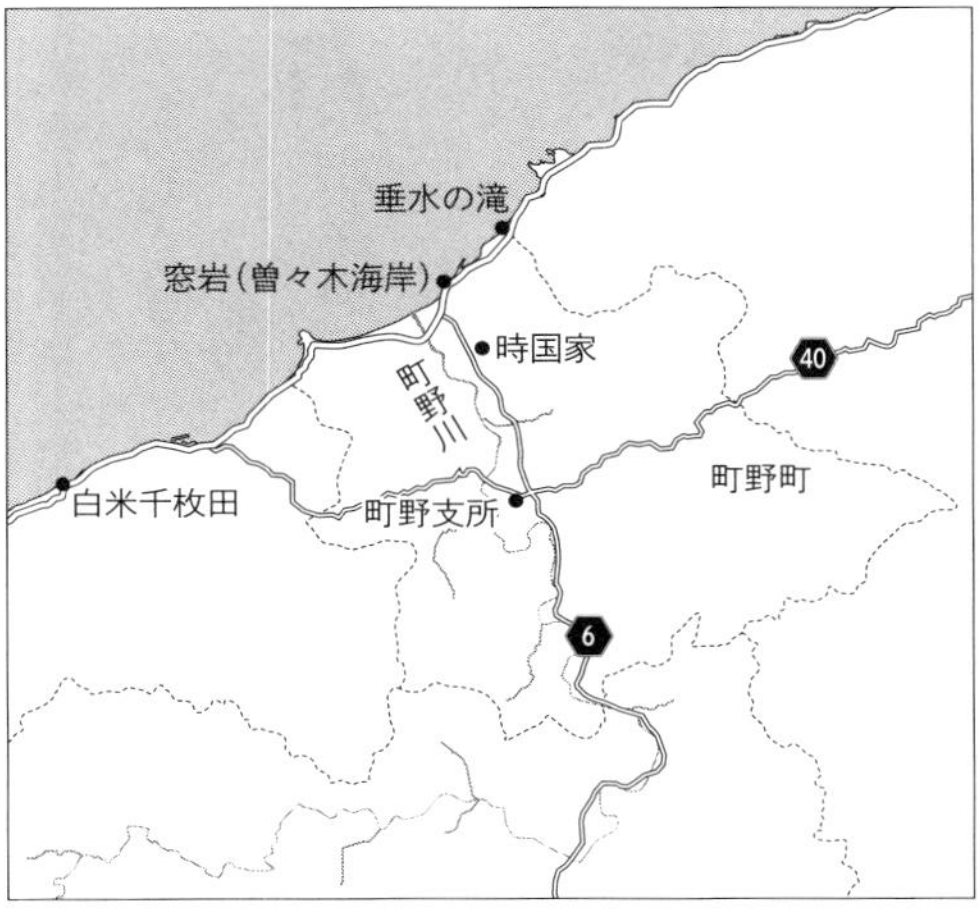

地震の前の下時国家（上）と上時国家（下）

大庄屋が「水呑百姓」から借金

戦後直後の1949年、全国の漁村の古文書を収集する国の事業がはじまった。東海区水産研究所の月島分室が担当し、日本常民文化研究所に委託した。この事業のため、民俗学者の宮本常一らが時国家の古文書をかりていった。だが54年度で水産庁は予算をうちきり、100万点を超す文書が未返却のまま研究員は四散してしまった。「能登に古文書がないのは上杉謙信と常民文化が古文書をみなもっていってしまったからだ」とまでいわれた。

網野善彦は1980年に名古屋大学から神奈川大学にうつり、古文書返却の旅をはじめる。その過程で84年に時国家にやってきた。

時国家では襖をはりかえるとき、以前の襖紙を保存していた。網野はそれに注目する。蔵などに保存されている公的な文書は、年貢の額などが記録されているが、農民以外、とくにあちこちをわたり歩く人びとの史料はほとんどない。

公的な文書によると、1735年には奥能登最大の都市輪島（河井町村・鳳至町村）の621軒のうち71％の438軒は頭振《あたまふり》だった。第2の都市の宇出津村も433軒のうち頭振329軒で76％を占めた。「頭振」とは、無高（石高をもたない）の農民を意味し「水呑百姓」と同様、一種の蔑称だった。

ところが、上時国家の襖紙文書には、大庄屋である時国家が、「頭振」の柴草屋から借金をしたとしるされていた。実は柴草屋は、廻船交易にたずさわる「海商」だった。

輪島に当時、漆器やソーメンの産地として繁栄していた。7割が頭振なのは、輪島塗やソーメン、廻船業など非農業的な生業が隆盛をほこり、田畑を所有する必要がなかったからだった。

そして時国家は封建的大庄屋ではなく、廻船業や炭焼き、塩田、鉱山、金融業などをいとなむ総合商社のような存在だった。上時国家は北前船を4隻所有し、その船がサハリンまでいっていたことも別の家の襖下張文書であきらかになった。

こうした発見から網野は、「百姓」とは農民だけではないと確信した。コメの石高で豊かさをしめす固定観念を否定し、江戸時代の社会は「農業社会」ではなく高度な「経済社会」だったことをあきらかにしていった。

上時国家の天井につるされた駕籠

平時忠らの墓とされる五輪塔

私は網野史学にみせられていたから、2011年5月に朝日新聞輪島支局に赴任するとまっさきに上時国家をたずねた。

青々とした町野川流域の田をぬけて山際の石段をのぼると、巨大な茅葺き屋根がそそりたっている。江戸末期に28年かけて建設された。高さ18メートルの屋根は15～18年に一度ふきかえているという。

建物内はひんやりしている。

大納言しか足をふみいれてはならない「大納言の間」、蜃気楼を彫った欄間、土間の梁につられた4つの駕籠。北前船の船帆や船箪笥もある。

「(上時国家のことを)カミサマといって、私らは恐れ多くてはいったことがなかった。でも昔の年寄りはみんなこの屋敷ではたらいとったよ」

近所にすむおばあさんが解説してくれた。

祖先は平家の落人

時国家は、平清盛(1118～81)の妻・時子の弟で「平家にあらずんば人にあらず」という言葉をのこした平時忠の子孫とつたえられている。

時忠は1185年の壇ノ浦の合戦後にとらえられ、珠洲にながされた。珠洲市大谷の則貞地区には、時忠とその子孫の墓所という五輪塔がならんでいる。則貞家など大谷12家とよばれる人たちがこの場所を整備してきた。彼らは時忠とその家来の末裔と称している。

時忠の子の時国が町野川の下流域にでてきて「時国家」をおこしたとされるが、則貞地区で会った男性は「わしらこそ平家の子孫。時国家が時忠の子孫という証拠はない」と断言した。いずれにせよ源平時代の記録はないのだ。

本家と分家

下時国家の前には「時國家」という大きな看板がある。上時国家には「本家　上時国家」としるされていた。そして、上家でも下家でも「こちらが本家です」と説明された。どちらが本家なのだろう？

『海から見た日本史像』で網野善彦は次のように説明する。

能登には「あぜち（庵室）」という隠居の慣習があった。跡取りが結婚すると、父母は別の子をつれて別の家にうつる。父母が亡くなると、あぜちのもっていた田畑や下人は「おもや」にもどった。だが江戸初期、幕府と深いかかわりがある土方家の領土（後に天領）が、能登を支配する前田藩の海辺の要地に散在して設定されていた。おそらく1616年の検地で、時国家300石のうち「あぜち」分としていた100石分が前田領とされ、主屋分である200石は土方領にくみこまれた。その後1630年ごろ、当時の当主藤左衛門が隠居し、1634年ごろ下時国家の屋敷が完成してうつりすみ、末っ子に藤左衛門の名を襲名させた。

江戸初期、能登では大きな家がいくつも前田家によってとりつぶされていた。時国家は分家することで領主の警戒感をやわらげ、家の存続をはかろうとした……と、網野はみている。

東京出身の藤平朝雄さんは全国各地を放浪の末、1968年に曽々木海岸にたどりつき、窓岩を目の前にのぞむユースホステルではたらいた。経営者の娘と結婚して69年からこの地に定住した。

1年ほどして、曽々木観光協会会長だった上時国家の先代（24代）当主の恒太郎さん（1918〜83）から、観光協会の副会長にえらばれた。当時は上家と下家が交替で会長をつとめていた。「よそ者をえらぶとはなにごとだ」という反発もあったが、恒太郎さんは若者やよそ者が必要だと考えていた。藤平さんは月2回、上時国家をおとずれ、午後8時ごろから恒太郎さんの話に耳をかたむけた。夜中12時ごろ、2杯目の紅茶がだされると「そろそろおひらきに」という合図だった。

藤平さんは曽々木の観光協会をへて、輪島市全体の観光協会事務局長、さらには能登半島全体の観光にかかわり、能登の民俗文化や歴史をほりおこしてきた。「キリコ会館」（輪島市塚田町）の初代館長もつとめた。網野とも交流があり、網野が亡くなった際、遺族とともに遺骨を日本海に散骨した。

時国家の「本家」をめぐっては、網野が「あぜちイコール分家」と表現して下時国家がクレームをつけたこともあった。

「川の上流が上、下流が下だというだけです。カミさんとシモさんの関係は、本家・分家ではなく、天皇と上皇、会長と社長のようなものです」

藤平さんは説明している。

藤平さんが曽々木に移住した当初、時国家は古い体質の大庄屋だと思ったが、網野の研究などによって、海をとおして日本全体やアジアともつながり、新しい事業にいどむパイオニア的企業体だとわかった。

ちなみにキリンビールで66年から69年まで社長をつとめた時国益夫は、上時国家23代当主の弟だ。その妹は、福井県南越前町の右近家に嫁いだ。右近家は、明治期に約20隻の北前船を所有した大船主で、加賀の船主らと共同で、損保ジャパン日本興亜の前身の「日本海上保険」を創設した。海をとおして全国とつながる時国家の進取の気性は、現代まで脈々とつづいていたのだ。

つぶされた民俗資料館

この地区には両時国家以外にもうひとつ「奥能登にこれ以上のものはない」と網野が評価した施設があった。輪島市立民俗資料館だ。

網野は次のようにしるしている。

――曽々木や港の近くに現在の輪島市の民俗資料館を拡大・充実し、地元の考古学と民俗学と文献史料の研究者がそれぞれ少なくとも1人以上勤務して、奥能登の歴史を恒常的に研究するための拠点、いわば「奥能登歴史民俗資料館」あるいは「奥能登歴史民俗研究センター」のような施設が建設されればすばらしいと思っています。――

(『海から見た日本史像』)

民俗資料館は、上時国家と下時国家のあいだにあった岩倉小学校(1967年閉校)の木造校舎を利

用して73年に開館した。

4765点の資料の大半は住民らが寄贈した。唐箕などの農具、蓑などの藁製品、機織り機、輪島の塩煎餅を焼く道具、祭りの神輿や面、塩田の道具など、人々の暮らしを包括的にまなべる奥能登随一の施設だった。74年には年間1万3000人がおとずれた。

だが輪島市の行政はその価値を理解しなかった。「考古学と民俗学と文献史料の研究者がそれぞれ少なくとも1人以上勤務」どころか、学芸員をひとりも配置しないから企画展もひらけず、たんなる「民具の倉庫」になってしまった。

入館者は減りつづけ、2005年には988人に。07年3月に閉館となった。

取り壊し直前の輪島市立民俗資料館

資料館の内部。多くの民具が四散してしまった

倒壊した上時国家＝2024年

さらに11年10月、建物の老朽化を理由に輪島市は資料館のとりこわしをきめた。

古文書など230点だけ永久保存。庭に移築されていた200年以上前の揚浜塩田の茅葺き民家は解体して材料を保管することにした。そのほかの所蔵品は分配・返却・公売にかけられ、のこりは廃棄された。

「能登の里山里海」はこの年、「世界農業遺産（GIAHS）」に認定された。古いものがのこっていることが評価されたのに民俗資料の宝庫をつぶしてしまった。

「輪島市は漆器は大事にしているが、民俗や文化財は重視していない。網野先生がご健在だったら、市の考え方をきびしくただしたと思います」と藤平さんは話した。

時国家も一般公開中止、そして……

両時国家は主要な観光スポットでありつづけたが、下時国家は20年11月、上時国家も23年9月に一般公開をやめた。

上時国家は昭和40、50年代の能登ブームの際には年間20万人超がおとずれたが、新型コロナなどの影響で22年は約3000人に落ちこみ、屋敷や庭園の維持管理費や従業員の人件費も捻出できなくなっていた。

2024年3月、曽々木海岸をたずねると「窓岩」は崩壊して「窓」が消えた。そして上時国家は、住居部分がつぶれて茅葺き屋根が地べたに伏せるように落ち、竪穴式住居のようになってしまっていた。

日本海に100キロつきでた能登半島先端は、幹線道路網からはずれるから大手チェーンの大型店が進出せず、下北半島などとともに「本州の最辺境」と位置づけられてきました。

でも海上交通が中心だった明治初期までは、能登半島は大阪と北海道をむすぶ海のハイウェーの結節点であり、大陸への玄関口でした。のと鉄道の終着駅・輪島駅の駅名標には「次の駅」の欄に「シベリア」としるされていました。日本地図を逆さにして、日本海から列島をながめると、日本海側が「表日本」だったことがよくわかります。

ため池管理で団結、限界集落のトップランナー

輪島市町野町の山あいにある金蔵《かなくら》集落は「限界集落のトップランナー」と評されている。64世帯156人の里に、研究者や学生らが頻繁に出入りする。地元の米でつくった酒を、埋蔵金伝説にちなんで「米蔵金」と名づけ、パッケージをデザインしたのは外部の若者だった。

その活動の中心になっているのが、NPO法人「やすらぎの里　金蔵学校」だ。「あなたが先生、私が生徒」「私が先生、あなたが生徒」をスローガンに、住民が知恵をだしあい、さまざまな活動を展開してきた。

陳情より汗をながして「万燈会」

「やすらぎの里　金蔵学校」理事長の石崎英純さん

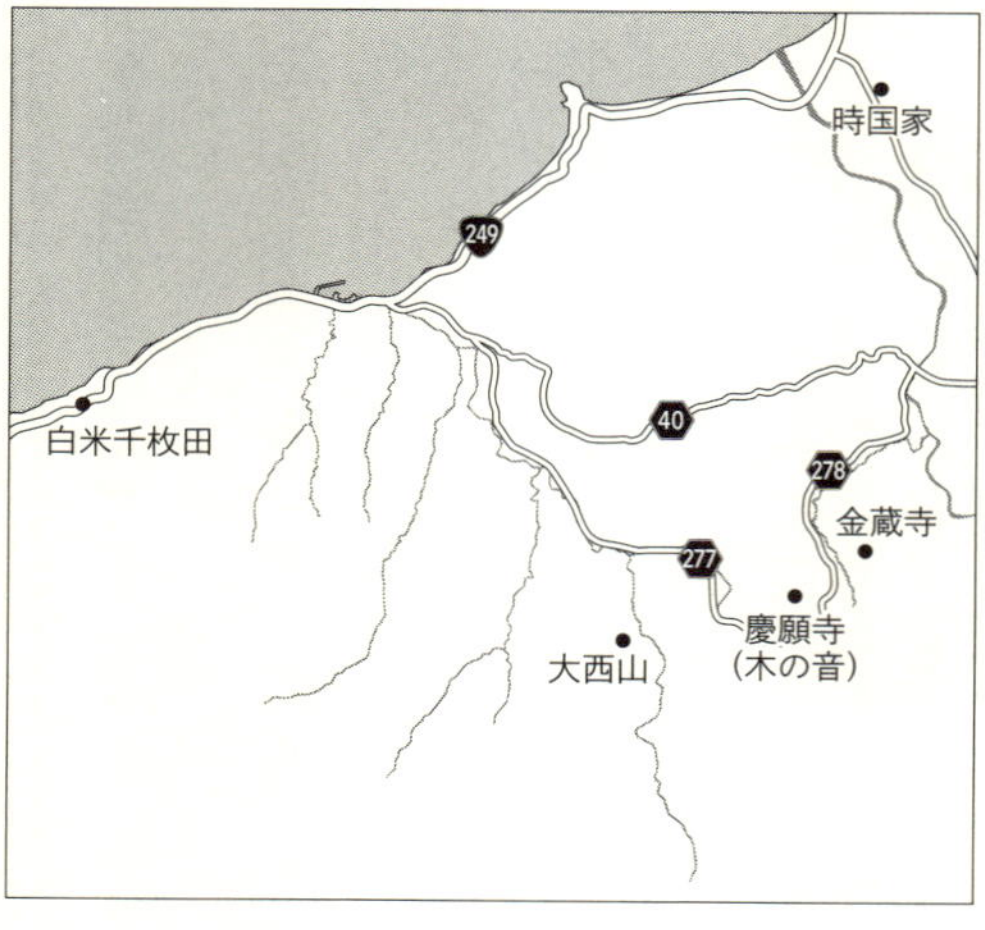

金沢の子どもらがつくったかかしがたつ棚田と石崎英純さん

(60)は「かつては金蔵も行政にたよりきっていました」とふりかえる。

1980年代後半、過疎と高齢化に歯止めがかからない状況に、だれもが危機感をいだいていた。

「金蔵の将来を考える会をつくろう」

半導体製造工場につとめていた石崎さんが集落の総会で提案すると、「ぜひやれ！」と拍手喝采された。

有志で会合をかさね、地域活性化の策として、当時計画中だった能登空港と最短距離でむすぶ道路建設をもとめることにした。市議会議員をとおして市役所に陳情をかさねたが、10年たっても実現しなかった。

97年、123年の歴史をもつ金蔵小学校が廃校になった。地域の中心であり、思い出のつまった校舎は、維持費がかかるためとりこわされた。

校舎がなくなると、心に穴があいたようなさびしさにおそわれた。

「陳情をくりかえすより、みずから汗をながし、その成果をもとに道路の必要性をうったえよう」

2000年に有志7人で「金蔵学校」をたちあげた。まず、地区の入口に「やすらぎの里」の看板をかかげる。ツツジ1000本を3年間かけて植樹し、散策道を整備する。歴史や民俗文化をほりおこし、毎月のようにイベントをうちつづけた。

02年8月16日には、メンバー7人でカップ酒の瓶5000本にロウソクをたて、寺の境内やあぜ道にならべる「万燈会」をもよおした。明かりの数は年々増えて10年には3万本に。当初は「売名行為だ」と批判もされたが、5年目からは地区全体で主催するようになった。全国的に注目され、大学や国・県の協力も得られるようになった。

8月16日の万燈会。3万の明かりが集落をいろどる

慶願寺というお寺の渡り廊下のカフェ「木の音（こえ）」

「みずからがむしゃらに行動することで、多くの人が協力してくれるようになってきました」

寺社の伝統行事にまなぶ

郷土史にくわしい井池光夫さん（83）によると、金蔵には5つの寺と3つの氏神があり、年間150日はなんらかの行事があった。

浄土真宗の寺で毎月もよおされる「お講」では「もっそう盛り」の白米がふるまわれ、戦時中は、輪島や宇出津から重箱を手にした参拝客がおとずれた。

「物もらいが金蔵にはいると1週間は道にまよった」という言い伝えは、道の複雑さにくわえ、寺などで食事にありつけることをしめすという。

「金蔵学校」では、フキと豆腐と野菜の煮しめや、小豆と豆腐（大豆）の「いとこ汁」など、寺の「お講」の精進料理を村おこしに活用できないか検討している。

「昔から金蔵はイベントで人をあつめてさかえてきた。歴史からまなべることはたくさんある。村おこしのヒントはかならず古いもののなかにあるとぼくは思っとります」

「総掛かり」でため池を管理

集落からつづら折りの林道をのぼっていくと、木々の隙間から緑の水面がのぞいた。山のくぼ地に最大10万トンの水をたたえる「保生池」。明治初期に掘られた全長188メートルの隧道をとおって金蔵の棚田をうるおしている。

30年ほど前、隧道の補修にはいった井池さんは、コウモリがへばりつく壁面の各所に、でこぼこした痕跡をみつけた。干ばつ克服のため、先人がくわで手掘りした跡だった。

金蔵にある13のため池は、サンショウウオなどの両生類が生息し、タカやオシドリが飛来する「生物多様性」のゆりかごだ。その維持管理は、各池の水を利用する農家だけではなく、金蔵地区の全世帯が「総掛かり」で担ってきた。

かつて金蔵には7世紀に創建され8坊をかかえる大寺院「岩倉山金蔵寺」があった。1527年に当時の七尾城主に村ごと焼きはらわれたが、跡地に5つの寺がたった。5寺の檀家総数は地区の世帯数の10倍の600戸にのぼる。寺がもたらす富によって繁栄してきた。

戦前、地区の寄り合いは区長の屋敷でひらかれた。奥座敷には11人の親作（地主）、中の間に自作、茶の間に自小作、台所には小作があつまる。区長選任などの重要事項は奥座敷できめ、「これでええか」と中の間に同意をもとめた。それ以外には「こんながにきまったぞ」と結果をつたえるだけだった。

井池家は金蔵随一の大地主だったが、地区で運営していた「金蔵信用販売購買組合」が1935年に破綻した際、井池さんの父が全財産を処分し、没落した。父は3年後に47歳で亡くなった。

戦後の48年、農地改革で力をつけた小作出身の若者たちは「親作」支配に反旗をひるがえし、区長選挙にみずからの代表を当選させた。親作出身の前区長は「生意気な。やれるならやってみい」と引き継ぎをこばみ、両者は全面対立した。

「あんちゃん、立会人になってくれ」

両者から仲介をたのまれたのが、当時20歳の井池さんだった。

「井池のあんちゃんがきたんなら、わたっさい（わたす）」

前区長はそう言って、土地台帳などを新区長に手わたした。

水道普及も「総掛かり」

農林水産省につとめた井池さんは75年、住民にこわれて区長に就任する。当時、水道導入の是非をめぐってもめていた。水道管の本管は公共事業で建設されるが、各家までの配管は自己負担だ。本管から数百メートルはなれた家はとても工費をはらえない。

井池さんは、工費を全世帯で平等に負担する「総掛かり」案をうちだした。本管のちかくの住民は当然反対する。

「そういうこと言うがなら、本管の道をかえるぞ！」

「ため池も総掛かりでしてるじゃないか」

強引に説得し、地区全体がまとまった。ほかの地区では、本管から遠いために今も水道がない家が少なくないが、金蔵は「総掛かり」精神によって、地区全体がまとまり、全戸に一気に水道が普及した。

21世紀の村おこしをめぐっても、時にはげしい反対の声があがる。だが金蔵には、団結して水問題に対処し、親作と小作のきびしい対立をのりこえてきた経験がある。

「総掛かりでため池をまもってきた記憶があるから、金蔵はなにがあっても最後にはまとまるんです」

井池さんは確信している。

女性グループで特産品開発

金蔵ではイベントが毎週のようにもよおされ、視察や見学もたえない。「若い学生や外国人がこがいにくるところはないぞ」と住民の声も明るい。雑草がおいしげっていた空き地には桜が植樹され、年2回だった田の草刈りは3回に増えた。

10年秋には特産品開発を担うグループが誕生した。

きっかけは「万燈会」だった。ボランティアの学生114人のおにぎりを10数人の女性がこしらえた。以来、イベントのたびに食事づくりの声がかかる。

秋、地元の大豆と能登の塩でみそを手作りすると、視察者から「みそ汁がおいしい」と絶賛された。女性たちは食品加工を手がけるため「金蔵あかり会」を結成した。空き家を改造した「寺寺《じーじ》の家」に週に1、2回あつまり、山椒みそや柚みそ、柚餅やかぼちゃ餅などをつくる。春には山のノブキを箱詰めして出荷した。視察客には山菜料理を1食1500円で味わってもらっている。

「金蔵学校」ができて10年余の村おこしのなかで、女性主導のグループは「あかり会」がはじめてだ。だが金蔵では、婦人会や婦人消防団などの活動が昔からさかんだった。「婦人会の集まりにいく」と言うと夫は文句を言えない雰囲気があった。

「昔は婦人会長は5つの寺の坊守さん（奥さん）がビシッとしきっていたから、男の人に文句を言わせなかった。女の人ががっちりまとまれるのはお寺のおかげかも」と崎田とも子さん（61）。

高度経済成長をへて女性が働きにでるようになり、小学校廃校で運動会などの行事も減った。同年代の女性が親睦をふかめていた「若妻会」も解散し、婦人会も年に1度あつまる程度になっていた。そんななか「あかり会」は定年退職後の女性の活動拠点になりつつある。

「ここではみんな本音でモノが言えるし、これだけ女があつまればたいがいのことはできる。ここは金蔵の『希望のあかり』よ！」と田中みなみさん（64）。

「若妻会の再結成ですね」と私がたずねると、

「アハハ、若妻会ならぬババ妻会だけどね！」と笑い飛ばした。

取材年 2024年

場所 輪島市町野町・金蔵

災害で生きた「総掛かり」精神、「新しい寺」で未来づくり

万燈会は高齢化のため2016年に終了し、「あかり会」も活動を休止した。

選挙人名簿の有権者数は、選挙のたびに7~10人減る。従来は集会所が投票所になっていたが、有権者が100人を切り、20年以降は約4キロはなれた町野地区の中心部で投票しなければならなくなった。

一方、金蔵出身者の子である30代の若者が「孫ターン」して集落の農作業の「担い手」となった。Iターン者はベルギー人をふくめて4世帯5人に増えた。

危機管理マニュアルを策定

23年1月には「防災計画・危機管理マニュアル」を作成した。地震は「震度5強」、大雪は「積雪1メートル」、大雨は「1時間100ミリ、あるいは24時間200ミリ」といった基準を超えると「危機管理態勢」を発動する。区長や集落委員、婦人消防隊長らは集会所に集合し「災害対策本部」を設置する。だれがだれの安否を確認するか、情報をどう集約するか……二重三重で確認するかたちをつくった。

「あとは具体的な対応を考えて、実際に練習せんならんなぁ」

避難所になった集会所。左が井池区長、右が石崎さん＝2024年

そんな話をしているときに地震がおそい、「マニュアル」の真価が問われることになった。

避難生活ささえたイベントの経験

私は地震から2カ月後、海沿いの国道は寸断されているから、南の旧柳田村（能登町）から峠をこえて金蔵にはいった。

棚田のわきに車をおき、お寺のカフェ「木の音《こえ》」がある慶願寺《きょうがんじ》方面にくだっていくと、集会所の前で2人がたき火にあたっている。11年に取材した井池光夫さんの息子で、区長をつとめる光信さん（68）と由起子さん（68）夫妻だった。自宅は大規模半壊だから、集会所で寝泊まりしている。

井池さんは元日、一家4人ですごしていた。午後4時すぎ、前年5月5日と同程度の地震がおきた。東京の娘から安否確認の電話があり、「大丈夫だよ」とこたえた刹那、激烈な揺れがおそい、キャーッとさけんでいるうちに電話が切れた。
井池さんは集会所にむかい「災害対策本部」を設置し、安否確認をはじめた。

金蔵の住民は95人だが、帰省している家族をふくめて103人が集会所にあつまった。10人は別の建物に避難した。

高齢者や障害者が室内で横になり、若い人は車中泊だ。停電で周囲は真っ暗で水もでないが、各家から正月のごちそうをもちよって食べた。

車道はくずれ、携帯電話もつながらない。翌日、町野地区の中心ではたらく住民の安否を確認するため、ひとりが約4キロの山道を歩いていった。最後まで連絡がとれなかった2人は、海沿いで孤立していることが10日になってわかった。

5日、自衛隊が南の旧柳田村方面から水や食料をはこんできて孤立状態が解消された。地震直後に「広報担当」に任命された「孫ターン」の若者は、電話がつうじないなか、SNSで安否情報を発信しつづけた。

金蔵の浄土真宗の寺では、門徒が念仏の教えをきいて食事をともにする「お講」が毎月ひらかれている。金蔵の女性たちはそこで30~40人分の料理をつくってきた。そのための大きなガス釜も常備している。避難生活でも司令塔役がテキパキと指示して毎日100人分の食事を用意した。

「イベントにきてくれた人たちが支援物資をもたらし、知恵と元気をあたえてくれる。『総掛かり』の村おこしの経験は今回の地震でおおいに役だっています」と石崎英純さん(73)は話す。

電気は1月21日に復旧した。水道が未整備だった半世紀前、どの家にも井戸があった。それを思いだし、古い井戸に電動ポンプを設置し、集会所の水洗トイレや台所をつかえるようにした。水道がなくてもうごかせる二槽式洗濯機も2台導入した。

コミュニティ維持のため集落に仮設住宅を要望

金蔵のある町野地区に隣接する南志見《なじみ》地区は、地震で道路が寸断されて孤立し、住民約700人が1月10日と11日の2日間でヘリなどで「全村避難」した。

金蔵は集団避難の提案にはのらず、個々人の判断にまかせることにした。

道路は寸断され、水道もない。集落の53軒のうち37軒が全壊か半壊だ。当初は大半が金沢方面に避難した。

金蔵では地震発生以来毎朝、全住民が参加するミーティングをひらいてきた。1月14日のミーティング参加者は13人だった。

金蔵の人口は2050年には11～12人になると予想されていた。

「2050年にはこんだけになるんかぁ、こんだけで集落の雪すかしをして、春は田んぼをするんかなぁ……」

閑散とした集会所で、26年後の集落のさびしさを井池さんは実感させられた。

3月には各地で仮設住宅の建設がはじまったが、金蔵には計画されていない。遠くの仮設住宅に入居

「金蔵新聞」を手にする井池光信さん

したら帰宅をあきらめる人もでてきてしまう。

井池さんらは3月4日に輪島市役所をおとずれ、「コミュニティ維持による生活の質の確保を図りながら人口流出を防ぐため、金蔵集落において仮設住宅を建設・設置を願いたい」という市長あての要望書を提出した。

集落に仮設住宅ができれば、自宅の清掃や修繕にかよえる。集会所をボランティアの活動拠点にすれば、自宅を整理・修理する作業もスピードアップできる。

「金蔵は１５２７年に破滅を経験している。それにくらべれば今回の地震はたいしたことない。江戸時代に同規模の地震がおきたら、あたふたせず、隣家同士で協力して家をたてなおしたでしょう。田んぼが2つに割れたら2枚の小さな田んぼにする。それが千枚田ですよ。人がいたから破滅からもたちなおれた。ムラに人がいることが一番大事なんです」

井池さんは力説した。

だが、金蔵の要望はききいれられず、6キロはなれた南志見地区の仮設住宅に7月までに13世帯17人が入居した。7月にはこの17人もふくめ70人弱がもどってきた。

住民のなかには、建て替えの資金がない人や、「老い先みじかいし、家にカネはかけれん」と言う人もいる。地区住民の意向を調査し、災害復興公営住宅10棟の集落内への建設を市役所にもとめている。

4月末からは、2次避難をしている人たちに「あなたのことをわすれていませんよ」とつたえるため、「金蔵新聞」を発行している。制作担当はIターンの男性だ。

移住者は現代の「ツラガエ」

家の住人がいれかわることを金蔵では「ツラガエ」という。たとえば小作の男が亡くなり女だけの世帯になると、おやっさま（地主）は元気な男に「あっこに婿にいけ」と命じる。「（旦那と）離縁してあしたからあっちの家にいけ」と若い嫁をほかの家にうつらせることもあった。集落の労働力を確保するのが最優先だから、住居はあちこち移動したのだ。井池さんの祖母も、前夫と離縁して井池家に嫁入りした。

「俺たちが生きているあいだに金蔵の3分の1の家はツラガエしますよ」と井池さんは予想する。

金蔵には空き家が20軒以上あるが、多くの人は家を手ばなそうとしない。その家でそだった兄弟が反対するからだ。だが金蔵でうまれた世代が退場する10年後には、家の処分が一気に増え、移住者の受け皿になるだろう。現代のツラガエは都会からの移住なのだ。

井池さんは復興公営住宅のプロジェクトを「新しい寺」と位置づけている。そこに集落の内外の人が

「お講」のようにつどい、新しい知恵やきずなをつむぎだす場にしたいからだ。

Ｉターンで金蔵に移住した30代のベルギー人男性は、ベルギー大使館から贈られたビールをみんなでたのしんだ際にこう言った。

「日本人ははたらきすぎです。『3時すぎたらビールをのむ集落』で売りだしましょう！」

井池さんはその発想のやわらかさに感心した。

「そんな話が実現して集落でビールをつくれたら、金蔵はおもろい！　って新たな人がまたきますよね。外の人は私らにはない発想をする。いろいろな可能性がうまれてくるような気がするんです」

カエルが合唱する棚田をながめながら、午後3時からベルギービールをのめる里ならば、私も移住したい。

「外」とつながり、「総掛かり」で村おこしをすすめる金蔵は、「ツラガエ」で住民が交替しても生きのこっていくのだろう。

MEMO

金蔵

最盛期は約100世帯500人だったが、24年3月の住民登録者は53世帯95人。23年は13軒が水田をいとなんでいたが、24年は、ため池や水路の被害で2軒に減った。

「金蔵区規約」には、「金蔵区民は『将来の集落に対して責任を持つ』ことを念頭に『総掛かり』という制度の下、最大限の奉仕により、将来の集落の姿を見ようという努力を怠ってはならない」と明記されている。

取材年　2013年
場所　輪島市・大西山

3粒の球根から花ひらいた能登の桃源郷

雪がところどころにのこる田のあぜで、水仙の葉が頭をもたげ、つぼみをふくらませている。人口50人の大西山には4月半ば、数万輪の花が咲きほこる。「能登の桃源郷」とよぶ人もいる水仙の里の歩みは3粒の球根からはじまった。

「ふりむき峠」からみた大西山

ホームセンターの球根450円

金蔵からの西約2キロにある大西山集落は、標高100メートル前後のひらけた谷にある。

地区の最奥にすむ竹中信子さん（73）は30数年前、輪島市中心部のホームセンターにでかけた際、水仙の球根3粒を450円で買った。球根は1年後に9個、2年後に27個……と、ねずみ算式に増えていった。

山里の農業でなにより大変なのは草刈りだ。1年間、手をくわえなければ田畑はヤナギやネムノキがしげり、山にかえってしまう。畑の周囲やシイタケのほだ場などに水仙を植えれば、草刈りのつらさもいやされるのでは……と竹中さんは考えた。

草を刈りながら、水仙にまつわるヨーロッパの神話や、桃源郷のはじまりをえがいた武者小路実篤の小説を思いだした。吉野の千本桜（奈良）や越前海岸（福井）の水仙も、最初は人の手で植えたのだと知った。

球根が増えると近所にもくばる。いつしか集落じゅうのあぜや斜面が黄色と白にいろどられるようになり、外からの見物客も増えてきた。

「人さまがたくさんござる（くる）から見苦しいことはできんし、気をぬけませんねぇ」

大西山は1軒あたり平均6反（60アール）の田をつくり、旧南志見村では豊かな地区だった。干し柿が名産で、秋は皮をむいてつるす作業におわれた。冬は雪におおわれた山のあちこちから炭焼きの煙がたちのぼった。

竹中さんは子どものころ、焼きあがった炭を窯からとりだす作業を手伝った。

「遠くの窯からのぼる煙が青くなると『あの窯はもう蒸しがかかるな』ってわかる。あちこちに煙がたっているから山の仕事もさびしくありませんでした」

だが、東京五輪のころから若者が流出する。炭焼きはもちろん、干し柿づくりもとだえた。20数年前を最後に子どもはうまれず、住民の8割は65歳をこえた。

4月半ば、田のあぜや道端に数万本の水仙が咲きほこる

小中学校で竹中さんの同級生だった元小学校教諭の坂本春雄さん（73）は5年前、肥料袋いっぱいの球根を竹中さんからもらった。以来、田のあぜなどに植えている。

定年退職後は地域に恩返ししようと、２０１２年12月まで区長を4年間つとめ、住民がつどう行事に力をいれてきた。水仙の季節には「猿鬼伝説」にまつわる場所やお宮を歩きながら花を堪能するウオークラリーをもよおし、夏はマイクロバスで花火大会にでかけた。集落こぞっての東京旅行やバーベキュー、新年会……。年間約10回の行事を企画してきた。道ばたにはプランターを設置するなど水仙以外の花も増やしている。

「なにもないところだけど、輪島でいちばん花がきれいやと思ってます。みんなで仲良く美しい里をつくり、まちにでた子が『すばらしい故郷だ』って自慢できて、かえってきたらゆっくり休める場にしていきたいね」

農作業歌は「結」のシンボル

田植えなどの農作業や茅葺き屋根のふきかえは「結《ゆい》」とよば

れる共同作業でこなした。大西山地区には、田んぼでうたった13種の「農作業歌」がうけつがれている。

共同作業の日、手伝ってもらう家は、きな粉をまぶした白飯を朴葉でくるんだ「朴葉飯」をふるまった。食器がいらず、手で食べられるから作業飯にぴったりだった。坂本さんは子どものころ、母が昼の朴葉飯を半分のこしてもちかえるのが楽しみだった。白飯は最高のごちそうだからだ。

当時の主食は大根や豆をまぜた飯やジャガイモ、ソバなどだ。父が打ったソバはうどんより太く「ミミズ団子」とよんだ。「今もソバをみるとゾッとする」と笑う。

結は、出稼ぎと機械化によってくずれていく。このままでは農作業歌も消えてしまう。危機感をつのらせた住民は1963年ごろ「民謡保存会」を結成した。歌の先生は、屑米を石臼でひいた「かいの粉」を食べて戦時中を生きぬいたおばあさんたちだった。72年には市の無形民俗文化財になり、各地のイベントや結婚式で披露するようになった。

2代目の保存会長をつとめた故上野谷辰雄さんは、流しソーメンや、こいのぼり数百尾を谷間におよがせるイベントにも力をそそいだ。保存会は2010年に休止したが、今につながる村おこしの発端になった。

地下水の水源は棚田

大西山には最近まで水道がなく、各家が山水をひいていた。日照りがつづくと入浴を減らすなどしてしのいだ。坂本さんの妻の澄子さん（62）はある年の夏祭りの日、刺身を準備する最中に水がでなくなっ

大西山の田の8割は集落より上の山の斜面にある。生活排水が混ざらないからおいしい米がとれる

て青ざめた。２キロはなれた金蔵地区の親類宅で料理してもらった。

水道をひくには一戸あたり約40万円の負担が必要だ。沢の水が豊富な家ははらいたくない。地区の意見をまとめるのはむずかしかった。

運送会社の役員だった区長の向畑昇さん（66）宅は山の水が豊富だが、ある時ふと思った。

大西山の田の８割は集落より上の斜面にあり、生活排水が混じらないからおいしい米がそだつ。山の棚田は地下水をおぎなう役割をはたしている。だが高齢化で空き家が増えて田が荒れれば地下水はかれてしまう。その時にのこった家だけで水道をひこうとしたら負担は１００万円ではきかないだろう。

向畑さんは、農林水産省の中山間地域等直接支払制度に目をつけた。山あいの農地を維持すれば１反（10アール）あたり約２万円が交付される。

「みんなが町内のためにカネをつかうって意識なら、清算や事務の仕事はオレがボランティアでやるよ」

向畑さんは集落のみんなに提案した。

交付金は各戸に分配するのが普通だが、半分は集落共同でつみたてた。5年間でためた1400万円を負担金にあて、水道は07年に完成した。

「長年の村おこしでお互い理解しあっているからできたんだと思います」

向畑さんは、同年代の4人でグループをつくり、高齢者の田の耕作をうけおっている。減農薬・有機栽培米の直販もはじめた。

「田をやめたら草も刈らんようになって町内が草ぼうぼうになる。私らはあと10年はやれるげん、百姓で利益をあげられるように努力したい」

前区長の坂本さんは向畑さんらを「集落の最後の守り人」とよぶ。

12年、大西山にはじめてイノシシがあらわれた。桃源郷は山にもどってしまうのか、向畑さんらの努力が実をむすぶのか。ぎりぎりのせめぎあいがつづいている。

取材年　2024年

場所　輪島市・大西山

全村避難、無人の里でムラの終わりを覚悟

無人の里の集落にもどってきた坂本春雄さん

「ポツンと一軒家」になった桃源郷

2024年4月、地震であちこちくずれた道をたどって大西山を再訪した。坂本春雄さん・澄子さん夫妻が避難先からもどったときいたからだ。

白と黄色の可憐な水仙がゆれ、シバザクラやチューリップがあぜに咲きみだれている。「美しい水です　ご自由にお使いください」としるされた塩ビパイプからはおいしい山水があふれている。「桃源郷」の風景は10年前とかわらない。ただ、人影はない。

坂本さん宅は「ひまつぶし工房」という看板と、菜の花を生けた古木がかざられている。

13年に取材したとき、「能登にはイノシシはいないといわれてきたけど、去年からではじめました」と坂本さんは危惧してい

たが、今はイノシシだらけ。山の上にある約7町歩（7ヘクタール）の田は毎年田植え後に集落総出で電気柵でかこっている。4年前にはシカも確認された。

水仙の栽培をはじめた竹中信子さんは高齢者施設にはいった。「集落の最後の守り人」と坂本さんが期待した向畑昇さんは病気で亡くなった。地震前、大西山にすむのは17軒30人に減っていた。

「いずれは『ポツンと一軒家』やねぇ、ってみんなで話をしとったんですよ」と坂本さん。

でもまさか、こんなに突然「ポツンと一軒家」になるとは考えもしなかった。

「明朝までに」全村避難

24年の正月は例年になくあたたかだった。かまくらができるほどの豪雪地帯なのに、雪は軒下にちらほらのこっている程度だった。

「おだやかで、いい正月やねぇ」

夫婦でかたりあい、遅めの昼食をとってテレビをみていた。

午後4時すぎ、1回目の地震がおきた。

「ひどかったねぇ」

そう話しながら念のためストーブを消したら、ドーンと轟音をたてすさまじい揺れがおそった。食器棚はたおれ、戸はふっとび、瓦は飛ぶ。たちあがることもできず、こたつをかかえておさまるのを待った。

揺れがとまって外にでると道路は裂け、斜面がくずれている。水道も電気もとまり、携帯電話もつながらない。

戸も家具もたおれて物が散乱した家には泊まれない。3日間は車中泊をして倉庫で食事をとった。石油ストーブで暖をとり、卓上コンロと土鍋でごはんをたいた。明かりはキャンプ用のランタンやローソクをつかった。

地震の翌日、隣家の息子が「(海沿いの)名舟は携帯がつうじるらしいから、歩いていってみます」と言う。子どもへの連絡をお願いした。

道路は寸断されている。重病のお年寄りは山の上の道路までかつぎあげて救急車にのせた。大西山の自宅から輪島病院に通勤していた看護師2人は、5時間歩いて出勤した。

家をかたづけながらすごしていた10日夕方、消防の関係者がたずねてきた。

「南志見は全戸避難することになりました。あす午前9時までに荷物1個だけもって改善センターにあつまってください」

地区の住民約700人がいっせいに避難するのだという。

あわててトランクに着替えや貴重品をつめた。11日昼前、南志見地区の中心の農村環境改善センターからヘリコプターにのって輪島市街のマリンタウンにとんだ。そこで大型ヘリにのりかえて金沢にむかった。

つれていかれた金沢市の体育館は、段ボールで仕切りがつくられ、毛布がならべられている。「こん

道路わきに山水が湧いていた

なところにおらんならんのかなあ」と考えていたら、高齢者施設に案内してくれた。24時間暖房で風呂はきれいで快適な施設だった。その後、子どもの家にうつった。

集落の17軒は、子どもや親類宅、行政の避難所など散り散りばらばらになってしまった。

山水の大切さ実感

2月17日、電気が回復したときいて、坂本さん夫妻は無人の大西山にもどってきた。4月になっても郵便も宅配便もとどかない。当然、水や食料の支援はいっさいない。最寄りの商店までは車で20分かかる。水道も復旧していない。でも電気があれば、07年の水道整備以前につかっていた井戸から地下水をくみあげられる。

風呂はこわれたから、風呂場をファンヒーターであたため、じょうろにお湯を入れて行水した。

「水道だけでなく、山水をのこしとくのは本当に大事なんですねぇ。ガスでわかす昔ながらのお風呂だったら、もっとよかったんでしょうねぇ」

2024年、無人の里になり、田植えはできなかった

生業の基盤と住まいの復旧を

4月12日、南志見地区の中心にある小学校跡に仮設住宅54戸が完成し、一部の住民が避難先からもどって入居し、自宅の片付けをはじめた。坂本さんも仮設住宅と自宅を往復している。

大西山は比較的地震の被害は軽く、全壊した家屋はほとんどなかった。坂本さんの自宅も準半壊だった。でも準半壊の場合、修理費の補助は最大34万3000円だ。これでは風呂の修理もできない。

山村の高齢者の大半は、国民年金（満額でも月額6万8000円／令和6年度）しか収入がない。

「みなさん、西山にもどってきたいと言うけど、自力で家をなおすのはむずかしい。仮設住宅の期限の2年がすぎたらどうなるのか……。集落は終わってしまうがじゃないか。私らも、金沢にいこうか、とか、冬だけ子どものところにいこうか、とか、いろいろ考えています」

大西山は集落より上に、7〜8ヘクタールの棚田がある。70歳前後の「若手」2人が担い手としてたがやしてきた。その棚田が集落の地下水の水源になってきた。だが地震で田には亀裂がはいり、用水や農道がくずれ、24年は田植えを断念した。田畑は1年放置すると、藪におおわれてしまう。

シイタケを大規模に栽培している若手もいるが、道路の崩壊で山に車がはいれなくなってしまった。米作りやシイタケ栽培という生業があるから、若手が集落にのこり、雪かきなどを手伝ってくれた。地下水も保全された。下草を刈り、花をそだててきたから「桃源郷」の風景が維持されてきた。

農道や用水路といった生業の基盤と、住まいの復旧なしには、世界農業遺産（GIAHS）の里山は維持できない。このままではイノシシのみならず、七尾市まで北上してきているクマも跋扈する「山」にかえってしまう。そんなギリギリの状況に大西山はたたされている。

「たすけあいながらやってきたけど、ささえる側が弱ってきた。大西山にずっとすむがは無理だとしたら、横の連絡をどうつないで、みんなであつまることができるか、考えないかんな、と思っています」

坂本さんはムラの終わりをもみすえている。

MEMO

大西山

最盛期には42軒約250人がすんでいたが、2013年は24軒50人。24年は17軒30人。大西山が属していた南志見村は1954年に輪島市の一部になった。

第3章

半島がはぐくんだ食文化

日本海に約100キロつきでた能登半島の先端は、流通経路をはずれるから、全国チェーンのファミレスや大型店がほとんどない。都市の影響が希薄なぶん、発酵食など独自の食文化が綿々とうけつがれている。

取材年 ２０１１年

場所 珠洲市・横山と狼煙

40年ぶり復活の在来大豆でムラおこし

能登半島の北端ではかつて「大浜大豆」という在来種の大豆が栽培されていた。冬場には豆乳を海水のにがりでかためて熱々の寄せ豆腐をつくり、囲炉裏端ですすった。高度経済成長をへて一時は姿を消したが、ムラおこしで復活。地域活性化の切り札になっている。

葉たばこ拡大で消えた品種

半島北端の禄剛崎《ろっこうさき》の西に位置する珠洲市の横山集落は、約30軒の農家がそれぞれ5反（50アール）前後の田畑や出稼ぎで生計をたててきた。１９９７年、当時流行した「一村一品運動」に影響され、全戸で「横山振興会」を結成した。

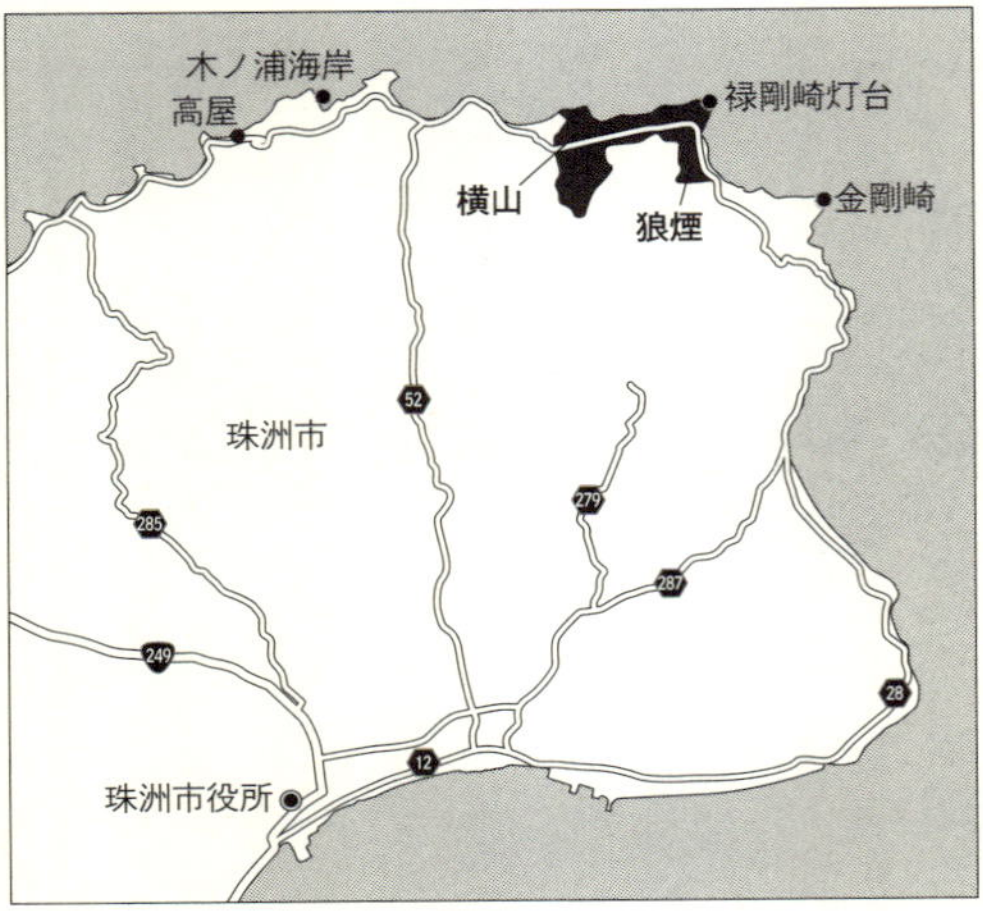

だが、なかなか売り物の「一品」がきまらない。めだった活動もないまま2年がすぎたころ、昔、畑の大豆をしぼった豆乳を海水のにがりでかためて豆腐をつくり、納豆も手作りしていたことが話題になった。

「年寄りが元気なうちに昔ながらの知恵をつたえてもらおう」

99年、大豆の共同栽培をはじめた。四角くかためない「寄せ豆腐」や、稲わらで発酵させた藁苞《わらづと》納豆を調理する会をひらき、市内のイベントに出品するようになった。

ところが03年、低温と長雨で共同栽培の大豆が全滅してしまう。途方にくれていると「うちにある豆をつかおう」と、ある農家がみなれない豆を提供した。普通の大豆より大粒で黒いヘソがある。「大浜大豆」だった。

二三味《にざみ》義春さん（64）は高校卒業後に2年間農協につとめた際、大浜大豆をあつかった記憶があった。高品質で知られていたが、収穫時期が11月半ばで通常の大豆より1カ月おそい。稲刈り後に男は出稼ぎにでるから、雪がちらつくなか、収穫などの重労働を女性が担わなければならない。そのため、10月中に収穫でき、県からの助成金もある奨励品種への植えかえがすすんだ。さらに61年にはじまった葉たばこ栽培が拡大すると大豆畑は姿を消した。二三味さんも、国営農地開発でひらかれた畑8町歩（8ヘクタール）で葉たばこをつくるようになった。

40年ぶりに大浜大豆をみた二三味さんは「これはおもしろいがじゃないか」とひらめいた。04年、集落共同で、大浜大豆2キロを3反まいた。次の年は9反に増やした。06年には二三味さんは葉たばこの

日本海をのぞむ開拓農地で大浜大豆をつくる二三味義春さん。以前は葉たばこの畑だった

畑を一気に大浜大豆にきりかえた。たばこの需要減にくわえ、農薬の規制強化で従来以上に人手がかかるようになったためだった。

収穫した豆のサンプルを京都や岩手のこだわり豆腐店におくると「これはええ豆や」と評価され、取引がはじまった。市内のイベントでも寄せ豆腐や納豆が大好評で、毎回50万円を売り上げるようになった。

売り上げ金をつかって年に1度、集落ぐるみで温泉施設など へ日帰り旅行をしている。以前は、集落全体があつまるのは祭りだけだったが、料理の試食会や地区の清掃など、なにかあればこぞってあつまるようになってきた。

「集落で旅行なんて今までは考えもしなかった。大浜大豆をつくるがになって、よけい仲ようなりました」

集落旅行のある初夏の1日は、横山の集落はもぬけの殻になるという。

原発の亀裂いやす「地豆腐」

大浜大豆をくだいて豆乳にする。早朝の工房には青大豆のさわやかな香りがただよう

禄剛崎灯台（狼煙町《のろしまち》）のたもとにある道の駅「狼煙」の目玉商品は、大浜大豆と天然にがりでつくった350円の「地豆腐」だ。豆乳ソフトクリームとおからドーナツをくわえた大浜大豆の3商品だけで、年間約2200万円を売りあげている。

直売所や駐車場などの施設は、国の交付金を活用して珠洲市が1億6000万円かけて整備し、09年に完成した。運営を担う「株式会社のろし」は、大浜大豆を栽培する横山地区と、施設がある狼煙地区の98世帯のうち87世帯が計380万円を出資して設立した。

かつて狼煙と横山の両地区は「水と油」の仲だった。狼煙には「能登最北端の地」として多くの観光客がおとずれ、人口も横山の倍。行政や農協の役職につく人も多い。横山側には「なんもかも狼煙にとられる」と反感をもつ人が多かった。一方、そんな横山の農民を狼煙側は「爪に灯をともすようにして小金をためるが、思いきりがなくて煮えきらん」「学校をつくるときも横山のもんは寄付もせん」などと評してきた。純農村の横山と、漁業や観光もある狼煙の気風のちがいだった。

だが横山からみれば元気な狼煙も、衰退にあえいでいた。観光客は最盛期の3分の1に落ちこみ、20数軒あった民宿は3軒に減った。

そんななか、70年代から「珠洲原発」の建設計画がもちあがった。予定地のひとつ寺家地区はすぐ隣だ。漁民の多くは当初は反対だったが、電力会社のもたらすカネの力で、次第に推進派が力を増した。

「株式会社のろし」社長の新弘之さん（74）は、狼煙の壮年層がつくる「義生団」の団長だった。

「最初は不安もかんじたが、電力会社につれられて北海道から九州まで視察するうちに、原発は安全で地域の活性化につながると思うようになった。福島のような事故は考えもしませんでした」

03年、原発計画は凍結される。あとには賛成派と反対派の亀裂だけがのこった。

高齢化で、狼煙の水田の4割は耕作放棄状態になった。07年ごろには、荒れた田のために賦課金（一反あたり1100円）をはらうのはもったいないと、土地改良区からの脱退をもとめる声がふきだした。

そのころ、隣の横山地区では大浜大豆が脚光をあび、狼煙にできる道の駅で、その加工品を売りだすことになった。珠洲市土地改良区の瀬戸谷義信事務局長は狼煙の人々に圃場整備にくわわるよう説得した。

「豆腐をつくる施設がもうすぐできる。観光客がくるようになったとき田が荒れていたらさびしいぞ」

大浜大豆の成功が「もう一度、農業を前向きに考えよう」という空気を狼煙にもうみだした。話し合いの結果、隣接する横山・川浦地区とあわせて27ヘクタールの圃場整備が12年度からはじまることに

ライトアップされた禄剛崎灯台

なった。

夏休み。「道の駅」には観光バスが次々にやってくる。

「原発によるしこりもとけて昔のにぎわいがもどりつつあるねぇ」

新さんは感慨深げだ。

横山地区で大浜大豆をつくる二三味さんの表情も明るい。

「マスコミにでて『横山はええ集落だ』といろんな人に言われるさかい、どんどん自信がついて、狼煙への劣等感もなくなりました」

「幻の大豆」によって、地域は息を吹きかえしつつある。

灯台がそだてた進取の気性

禄剛埼灯台は石造りで高さ12メートルある。1883年に完成した。夕方、灯台のたつ標高36メートルの高台にのぼると、ゴーゴーと海鳴りがひびくなか、オレンジにかがやく水面をフェリーの影が横ぎっていく。敦賀から北海道にむかうフェリーは、灯台の沖で真北に進路をかえて北海道に直進する。狼煙の沖は日本海航路のいわば交差点なのだ。

明治期までは、この海を北前船がいきかっていた。新弘之さん宅の仏壇の引き出しには、和紙に墨でえがいた北前船の設計図がのこっていた。「あんたの先祖は、沖を走る船の絵をえがいて船をつくる参考にしとった。すごい人やった」と、子どものころ近所の人に言われた。

祖父はイワシ舟などをつくる船大工だった。

灯台のある高台には1963年まで4世帯の灯台守がすんでいた。ズーズー弁の東北出身者が多く、子どもは立派な洋服を身につけ、みたこともないゲームをたのしんでいた。

中学生のころ、初代南極観測船になる前の「宗谷」が沖合に停泊した。灯台への物資補給のためだった。小舟をちかづけて縄ばしごでのぼると、売店にはチューインガムやチョコなどのハイカラな品々がならんでいた。灯台は都市の文化につながる「窓」だった。灯台守の家族とふれあった狼煙の子のなかから、少なくとも7、8人の灯台守が輩出した。

新さんらは、最盛期の3分の1に減った観光をもりかえすため「道の駅」を計画した。市長の仲介で、大浜大豆を復活させた横山集落と手をむすんだ。

農民のまじめさと、海民の行動力がいっしょになって、大浜大豆の豆腐や「豆乳ソフト」といった人気商品がうまれた。

「北前船や灯台があったから新しいものにいどむ心がそだった。灯台がなければ道の駅もできんかったと思うよ」

2次避難せずムラにとどまり「農」を復興

納豆づくりの大鍋や五右衛門風呂が活躍

2024年元日、二三味義春さん(77)は家族とともに珠洲市街の施設に入所している母に面会にいき、午後3時半ごろ帰宅した。

まもなく最初の地震がおきた。

「けっこうひどいなぁ、去年(2023年5月5日の奥能登地震)とにてるわぁ」

二三味さんは道の駅「狼煙」の社長をつとめている。道の駅は元日も午後3時まで帰省客むけに営業していた。家族は屋外に避難したが、二三味さんは部屋にのこり、「道の駅」の職員に順に電話をかけた。最後の職員と電話で話しているとき、経験したことのない揺れがおそった。

スマホはふっとび、食器棚がたおれ、壁が落ちて換気扇が頭上におちた。柱が左右に30センチもゆれ、天井がわれて青い空がのぞいた。

「これでオレの人生もおわるがかなぁ。しゃあないなぁ……」

そんな考えが頭をよぎった。しばらくして揺れがおさまって家の外にでた。

「津波がくるぞ！」

集落の人たちが山の斜面にある二三味さん宅の前にあつまってきた。

その後、集会所に全住民が集合した。横山地区は27世帯30人ほどだが、帰省中の子や孫もいるから約80人が、24畳の集会所ですごすことになった。

横山では1999年以来、藁苞《わらづと》納豆を手作りしてきた。蒸した大豆を藁の苞にいれ、毛布やふとんにくるんで保温した。そのため大量の布団を押入にためこんでいた。コロナ禍で4年ほど納豆づくりを休んでいたから、においがぬけていたのも幸いだった。

大豆をたく巨大な鍋で80人分の汁をつくる。宝くじの助成金で前年（23年）に入手した発電機で明かりを確保した。農業用の500リットルのタンクと水中ポンプをつかって地下水をくんできた。

電気でわかす風呂は停電と断水でつかえないが、二三味さん宅は追い炊きができるタイプの風呂だった。もう1軒、五右衛門風呂の家があった。2軒の風呂で、集落の人たちが順に入浴した。

洗濯機は、蛇口からじゃぶじゃぶ水をながす全自動はつかえないが、集落に2つあった二槽式が活躍した。

「古いもんが活躍した。近代的なものはダメやったわ」

1月4日になると、燃料のガソリンが底をつきはじめた。

帰省していた若者らが、トラック2台で片道16時間かけて金沢にガソリンを買いにでかけた。友人や友人のそのまた友人に1人1、2缶買ってもらい、600リットルをつんでかえってきた。

避難所になった集会所

「横山は、そば打ちなどの行事や、ドブ掃除や草刈りなどに、都会にでた子どもたちも参加していた。そういうシステムをつくってっからよかった。常日頃が大事やね」

2次避難せぬ住民
「おれたちはちーとにぶいんやわ」

横山では地震後、東京の子どものアパートに3月末まで身をよせた家が1軒あった。病気や身体の障害で自立できない5人が金沢などに避難した。それ以外は、10日ほどして停電が解消すると、こわれた自宅の一室だけかたづけて夜は自宅ですごすようになった。

隣の狼煙地区は、横山の2倍の60世帯ほどだが、65歳以上の住民はすべて金沢などに避難し、4月半ばの時点でも高齢者はほとんどもどってきていなかった。

だから横山をおとずれた泉谷満寿裕市長はおどろいた。

「ここはみんなのこってるがか!」

「横山の人間は鈍感なんか、ちょっこり神経ぬけておかしいんやわ。市長、あんたが珠洲におるあいだはわしらも珠洲におるわい」

二三味さんはこたえた。

珠洲市では地震から4カ月たっても広域で断水がつづいている。

市内の9割の世帯は、市南部の鵜飼川のダムから取水した水を利用している。水道網が広域ゆえに復旧がままならない。横山は周辺4集落とつながる簡易水道だから2月末には水道が復旧した。大規模な水道はふだんは便利だが、小規模な簡易水道のほうが災害時には強いのだ。

人の目があるから復旧もすすむ

二三味さんは、山の上の開拓地を中心に大浜大豆を8町歩（8ヘクタール）つくり、横山の水田22ヘクタールの8割の耕作をうけおっている。

地震後にみてまわると、水田のパイプラインが20数カ所で破断していた。農道もくずれて山の畑にたどりつけない。歩いてみにいくと、畑はあちこちが陥没している。そうした不具合を確認するたびに市役所や県庁に農道などの補修を要求してきた。5月には田植えをして、大浜大豆の種をまかなければならないからだ。

乾燥・調製施設が全壊していることもわかった。8月末までに再建できなければ、収穫した米や大豆をくさらせてしまうことになる。

農地・農業用施設の災害復旧には費用の9割を補助する制度があるが「審査に3カ月かかる」と言わ

れた。さらに、補助をうけるにはまず自分で支払う必要があるという。

「棺桶に片足つっこんだ77歳のじいさんに銀行はカネをかしてくれん。どうしろって言うんや！　現場をちゃんとみて、8月いっぱいに施設をたてさせてくれ」

市役所や県庁、国会議員らにうったえつづけた。

横山では地震後も住民がすみつづけ、田畑や農道の様子を毎日みて、問題があれば市役所などにすぐ相談する。だからほかにくらべれば復旧のペースははやい。

住民が市外に避難して人がまばらな地区は、農地や農業施設の被害実態を把握することすらできない。市役所の職員自身も被災しているから、すみずみの農地までみてまわる余裕はない。農道を補修してもらえず、山の上の開拓地の農地までガソリンをかかえて徒歩でかよっている農家もいるという。

さらに、市場に出荷しない自家用の畑は、イノシシよけの電気柵を復旧したくても補助の対象にすらならない。

「このままでは、農家がやる気をなくして荒れてしまう。小さな家庭菜園だってそれがなくなると在所は草ボーボーになる。家庭菜園も大事げんて！」と二三味さんはうったえる。

「生業」のネットワークの復活を

道の駅「狼煙」は、社員とパート7人ほどがはたらく貴重な雇用の場だ。

新型コロナや2023年5月5日の地震の被害からたちなおりかけたところに今回の地震がおそっ

二三味義春さんと小栗美和さん

た。

それでも地震から3カ月後の4月4日、ボランティアや復旧工事の作業員むけに週2日開店し、オンラインショップも再開した。さらに4月28日からは「丹生そば」を食堂で提供しはじめた。1日200丁製造していた大浜大豆の豆腐も、製造担当の女性が避難先からもどり、5月から復活した。

16年前に白山市から移住し、道の駅ではたらく小栗美和さん（41）はSNSで道の駅の現状を発信しつづけている。「東京なんかではすでに能登半島地震は忘れられかけている。忘れられたら能登はあぶない」と危惧するからだ。

名物の豆腐は、豆乳を揚浜塩田でつくられる天然にがりでかためる。だが海が隆起してしまい、塩田でまく海水をくみあげるのがむずかしくなった。塩田の復活がなければ豆腐はつづけられない。新鮮な魚貝類を供給した漁師や海女も、外浦の漁港が隆起して海にでられない。大阪から移住して釣り船をいとなんでいた男性も船をだせなくなり、かえってこられなくなった。

おいしいリンゴをつくる果樹園や野菜農家は農道の崩壊に頭をかかえている。道の駅の魅力的な特産品を下支えしてきた農林漁業の基盤の一日でもはやい復旧がもとめられている。

「第一次産業の生業《なりわい》があるから、里山里海が維持されてきたんです。『創造的復興』は、生業をささえてきた人を支援して、生業を団子のようにつらぬいて、今ある資源を大事にしなければだめですよ」

小栗さんは力説する。

またも「巨大防潮堤」計画

4月14日、二三味さんや小栗さんはニュースに耳をうたがった。

国土交通政務官が珠洲市と能登町をおとずれ、防潮堤整備を検討する方針をしめしたという。それにたいして市長は「4メートル、5メートルの防潮堤を整備することになれば、景観が失われ、非常にストレスもたまると思うが、住民の大事な生命・財産はまもらなければならない。地域のみなさんと対話して最適解をみつけるしかない」とこたえた。

東日本大震災の被災地では、住民の声を無視して巨大防潮堤が建設されたが、防潮堤の背後には人はもどっていない。

「美しい海をみたくて観光客はくるのに、どでかい防潮堤なんてとんでもない。それよりも、隆起した岩礁の上にコンクリートの道をつくって、小規模でよいから漁港を復活させるべきや。農林水産業と観光を手放したら『珠洲沈没』になってしまうわ」と二三味さん。

漁港復活は生業のためだけではない。志賀原発事故で陸路が封鎖された際、漁港から脱出することが想定されていたことも忘れてはならない。

大浜大豆のおぼろ豆腐は、大豆の甘い風味が鼻腔にまでひろがります。私がこれまでに食べたなかで一番おいしい豆腐です。豆乳ソフトは自然な甘みで、2本たいらげる友だちもいました。
二三味さんは、２０２４年春も大豆の種をまき、田植えをしました。でも9月の豪雨で大豆畑や水田のかなりの部分が水没したそうです。新型コロナ、23年5月と24年元日の地震、9月豪雨と、4連発の打撃を珠洲はこうむりました。全国の人が現地をおとずれ、豆腐の味とともに、人々の痛みを共有してほしいと思います。

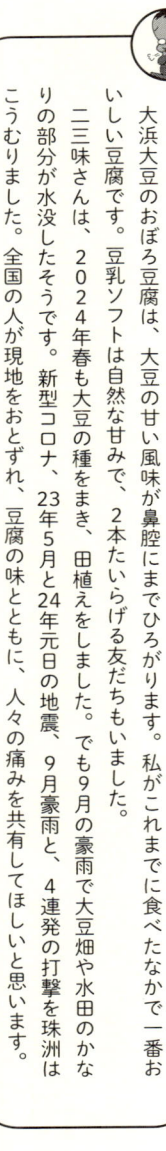

取材年 2013年

場所 能登町・小木

タラの食い残し「いさぶ」

1万円札をひろえる漁師町

全国有数のイカの水揚げをほこる能登町の小木《おぎ》港。江戸時代は小木石とよばれる凝灰岩が切りだされ、北海道・小樽のにしん御殿のかまどにもつかわれた。石工の若者は雪がふるとタラの延縄《はえなわ》漁船にのり、中高年になるとイカなどの沿岸漁業にいそしんだ。

1960年ごろまで、小木はタラの主産地として全国に知られた。刺し身に卵をまぶす「たらの子つけ」は今も正月をいろどるごちそうだ。

小木の漁師はかつて、夏から秋はイカ釣り、冬はタラ漁、春は日本海や北洋へサケ・マス漁にでかけた。

200カイリの経済水域設定で、サケ・マス漁業が衰

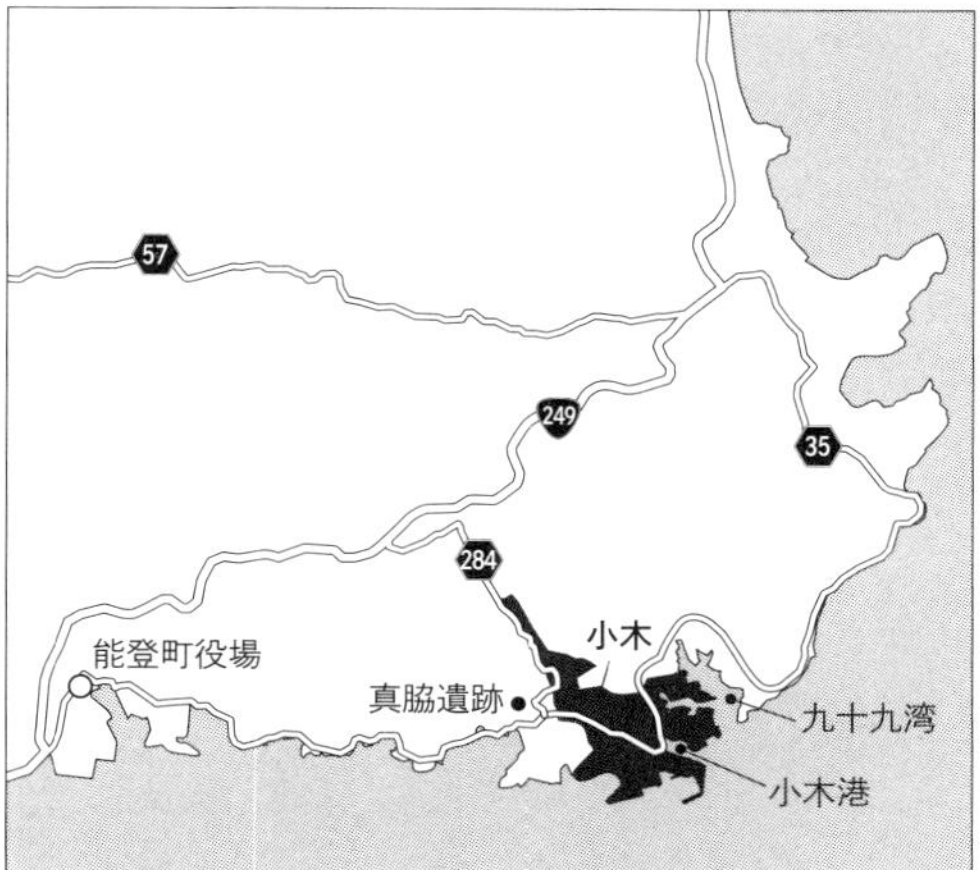

深い入り江の奥にある小木港は江戸時代は北前船の寄港地だった

退する以前、小木の町は、腹巻きやはちまきに札束をはさんだ漁師がのみ歩き、早朝の飲み屋の前にはしばしば1万円札が落ちていた。

タクシー運転手は当時、「給料よりもチップのほうが多い」とぼやいた。

「はちまきをして（高級乗用車の）クラウンにのっとった。今は年寄りばかりで万札どころか1円だって落ちとらん」

マグロ漁船の通信長として35年間、世界をわたり歩いた男性はふりかえる。

煮こごりは薄紅色

いさぶは、獲物のタラが食べのこした餌のイカだ。

宮崎たず子さん（78）の夫は10数トンの船で深夜に出漁し、延縄を水深200～300メートルにながしてタラを釣った。港にもどると、ハリにのこった餌のイカ（いさぶ）をはずして乗組員でわけあった。

女たちは、海辺の番屋で延縄をかごの上にととのえなが

真水で煮るとほんのり赤くなる「いさぶ」。煮汁がさめると煮こごりになる

ら、ストーブの上でいさぶを焼いた。香ばしい潮の香りが小屋のなかにひろがる。遊びにきた小学生の息子は「母ちゃん、こんなうまいが、どこに売ってる？」と、大喜びでむさぼった。

　いさぶは四斗樽《しとだる》に塩漬けにして保存する。塩漬けした時にうかぶ「塩汁」は、ホタテ貝の貝殻にのせて火であぶるとゼリーのようにかたまる。

「おかいさん（かゆ）につけて食べると本当においしかったねぇ」

　宮下順子さん（73）はなつかしむ。

　小木でそだった豊原知足さん（52）の祖父は、小木石を採取する仕事をやめたあと、製材所をいとなんだ。父は製材の技術を生かして造船所でのこぎりの目立ての仕事をしたあと、織物工場を経営した。

　子どものころ、隣家の漁船が帰港すると、豊原さんはいさぶをとりにいかされた。バケツ1杯分のイカをはずすのに1時間かかる。早く遊びたいから、ひとつずつはずすのはめんどうだ。裁縫用の手ばさみでイカをちぎった。

夜、真水や大根おろしで煮て食べたが、はずしわすれたハリが祖母の頬に刺さって大騒ぎになったこともある。

煮汁は翌朝には煮こごりになっている。スプーンでごはんにかけるととけて、白飯が薄紅色にそまった。

なつかしの庶民食、海洋深層水で復活

いさぶは近所の漁師からゆずられるもので、流通にはのらない。だから町の外にでることはめったになかった。

漁師の「もったいない」意識がつくりだした庶民の味だったのだ。

延縄から、効率のよい刺し網へと漁法は転換し、約50隻をかぞえた延縄漁船は20年ほど前に消えた。延縄漁とともにいさぶも姿を消した。

なつかしい味をもとめて、イカの切り身をかごにいれて岸壁に沈めたり、小舟で沖に沈めたりする人もいたが、ことごとく失敗した。「もういさぶは食べられんのやなあ」。小木でも幻の味になっていた。

２００５年夏、小木港の東端の埋め立て地に「海洋深層水施設」が完成した。旧内浦町の町長によばれて豊原さんは施設の副所長になった。

海洋深層水は、３・７キロ沖の深さ３２０メートルの海からくみあげる。ミネラルなどの栄養分が豊

富なため、地酒や化粧品、飲料水のほか、野菜づくりにも利用されている。

ある年の冬、かつて延縄漁をしていた漁師がイカをもってきた。

「(タラの生息する海と)深層水はおなじ深さのところの水やさけぇ、いさぶをつくれんか?」

豊原さんは延縄漁の経験者にきいてまわった。いさぶの独特の味の理由についてさまざまな意見があつまった。

「泥にさらされるからミネラルがあるんや」

「タラや夜光虫がかじるからや」

「深海の水圧が大事や」……。

静水につけるのか。かきまぜるのか。何時間ひたすのか。何度も実験をくりかえした。その結果、バケツにイカをいれてかけ流しの深層水に35~40時間さらすのが最適とわかった。

ふやけて倍の大きさにふくらみ、かたい皮がとけ、まろやかな見た目になったらできあがりだ。

真水でゆでると身は赤くそまり、スルメの香ばしさと潮の香りが8畳ほどの事務所に充満した。口にいれるとふわりとかみきれる。塩辛いが、ほんのり甘みもかんじる。

「この味だ!」

子どものころの記憶が一気によみがえった。

07年、復活のいさぶを売りだした。

「なつかしい味や」「本物はもっとやわらけぇ」と評価は二分されるが、毎冬150~200キロつくる商品は、地元の人がかたっぱしから買っていく。

水深300メートルの水温は年間をとおして1～2度だが、パイプで約3時間かけて陸上までみちびくあいだに暖流にさらされ、12月でも14、5度になる。菌類が繁殖しない10度以下に下がると、いさぶづくりがはじまる。

「独特の味の秘密はいろいろな説があるけど、深海のきれいな海水でさらせば、やわらかくておいしくなるのだと私は考えています。いさぶはまさに、海洋深層水料理だったんです」

水槽からじゃぶじゃぶとあふれでる深層水をながめながら、豊原さんはかたった。

「能登海洋深層水施設」の豊原さん。水深320メートルからくみあげられた海洋深層水が24時間ながれつづけている

取材年　２０１２年

場所　能登町・小木と旧柳田村

発酵食「いしり」と「なれずし」

日本酒の能登杜氏をはじめ、魚醤のいしり（いしる）やなれずし、サバの糠漬けなど、能登は全国でもきわだつ発酵文化をはぐくんできた。発酵食品は「くさい」と敬遠される時期もあったが、魚醤ブームや健康食品への関心もあって、全国的に再評価されつつある。

はらわたの塩漬け汁

能登町の小木漁港は全国有数の冷凍スルメイカの水揚げ港だ。２０１２年９月上旬、ほとんどの船は沖にでて、港は静まりかえっている。

漁港わきにある「カネイシ」は、イカを買いつける問屋だった。新谷伸一社長（43）が子どものころ、小さな

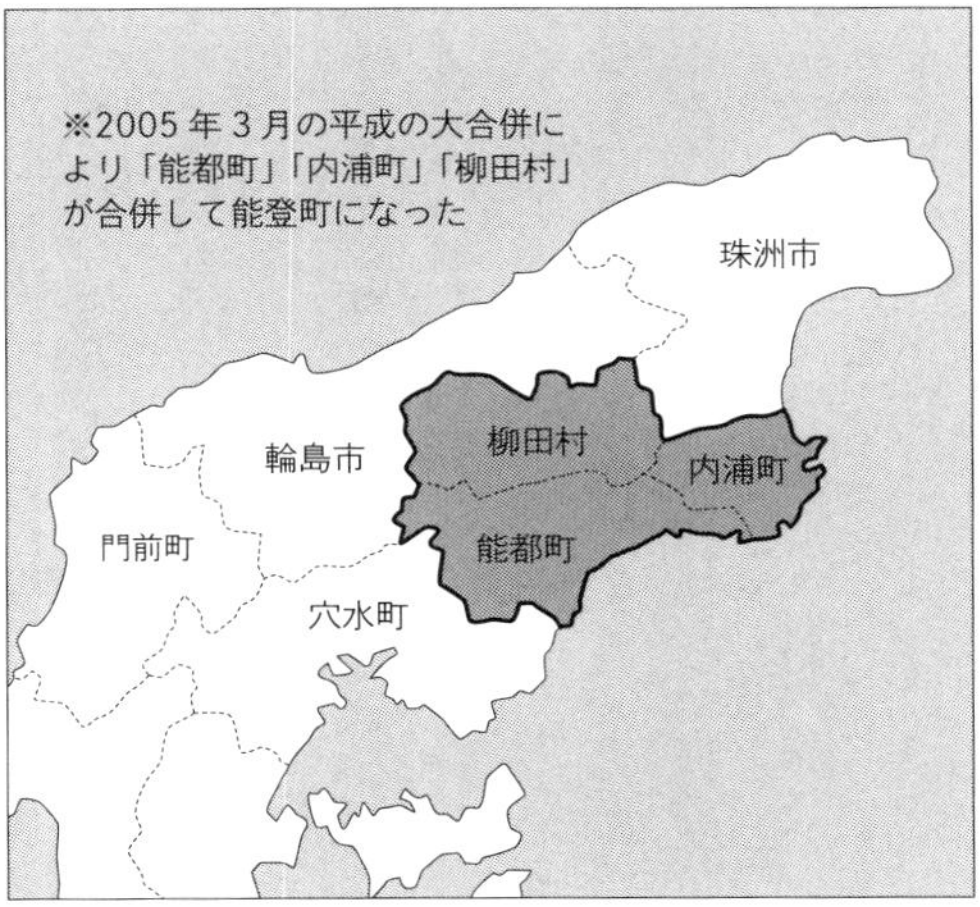

1800リットルのいしりの樽やサバの糠漬けの樽がならぶ工場と、新谷社長

漁船が自宅前の浜でイカを水揚げした。その場でとりのぞいたはらわたを木の樽で塩漬けにする。1年半後、樽の底から液体をぬいて濾過すると透明のいしりができあがった。

「あまった内臓を活用できるのにくわえ、交通の便が悪く醤油が手にはいらないから重宝されたんでしょう」

新谷さんは大学卒業後、食材問屋で営業マンをして27歳で帰郷した。会社員時代に各地でいしりをめずらしがられたのを思いだし、全国に営業にでかけた。流通しやすいように1升瓶ではなくペットボトルにつめた製品を発売した。その結果、都会の飲食店を中心に販路がひろがり、いしりの生産量は15年間で5トンから30トンに増えた。

海辺だけでなく山間部の農家でもいしりを手作りしていた。

旧柳田村の高市範幸さん（61）の両親は、イカが手にはいると内臓を一升瓶で塩漬けにした。茶褐色の生臭い液体を、「こんな気持ち悪いものを大人は食うんか」と幼心に思った。この液にダイコンなどを漬けて囲炉裏で焦げめがつくまで焼く「べん漬け」は父の酒のつまみだった。小泉武夫・東京農業大学名誉教授によると「べん漬け」は世界で唯一の焼いて食べる漬け物だという。

飲食店を経営する高市さんはいま、燻製づくりであまったタコの内臓や、市販できない未成熟のカキでいしりを製造している。

「めったに魚が手にはいらない山の村でそだったから『もったいない』という思いでいしりをつくっています」

百万石の金沢がいしる流通をはばむ?

江戸時代までの田舎の食事はみそ味であり、醤油はハレの日の調味料だった。過去1世紀における日本の味の最大の変化は、みそ味から醤油味への移行だったといわれている。醤油を買えない海岸部の民衆が魚醤を利用してきたが、明治以降、醤油がひろまると、多くの地域で魚醤は消滅した。

奥能登では、魚醤の風味をいかした郷土料理が成立していたからのこったが、独特のにおいが災いして1980年代には生産量が大きく減った。能登町の飲食店でも、一部の民宿以外はいしり料理はだしていなかった。

石川県工業試験場で92年からいしりを研究している道畠俊英さん(52)によると、当時、金沢には「いしり料理」をあつかう飲食店は2軒だけだった。秋田県全域で食べられている「しょっつる」とくらべて、「いしるが外にでるのを金沢がはばんでいる」とかんじた。

試験場でいしりの成分を分析すると、うまみの源のアミノ酸が、しょっつるや海外の魚醤にくらべても多く、血圧上昇の抑制効果や抗酸化力もあることがわかった。

ただ、塩分濃度が、醤油が15％前後なのに、いしりは20％を超えるため、料理で少量しかつかえないことが普及の壁だった。

そこで２０１１年、電気透析膜で塩分を除去し、焼酎をくわえて常温保存を可能にした塩分13％の「減塩いしり」を県内企業と共同で開発した。アンチョビのように、うまみを前面にだした料理につかえるようになった。

能登町商工会は05年から４年間、いしりを「地域資源」と位置づけ、いしり料理の講習会をひらいたり、全国の料理学校にＰＲしたりしてきた。

いま町内の10数軒の飲食店で、「いしり焼きそば」や「いしりラーメン」「いしり海鮮丼」といった料理を提供するようになった。発酵食ブームもあって注目され、金沢の居酒屋でもいしりはめずらしくなくなった。

いしりの生産量は、低迷していた１９８０年代の30トンから年間２００トンに回復している。

なれずしは夏祭りの「ごっつぉ」

いしりは、都市部で評価されることで地元でも価値がみなおされた。だが旧柳田村（２００５年から能登町）で「ひねずし」とよばれるなれずしは、おなじ発酵食品だが高齢化とともにつくる人が減りつ

5月の連休明けに漬けて梅雨を越して完成するアジのなれずし

づけている。

魚を米飯といっしょに漬けて発酵させるなれずしは、煮しめや赤飯をならべた輪島塗の赤い膳とともに、夏祭りの「ごっつぉ」として大皿でふるまわれる。「ここのババのはうめぇ」「あっちはくさかった」と祭りの日は品評会のようになる。

能登町の第3セクター柳田食産の技師、宮前博人さん(42)の90代の祖母は若いころ、稲刈りを手伝いにいった家でふるまわれた魚の腹からウジ虫がでてきたのにおどろいた。だが家の人はウジ虫を指でとりのぞきながら平気な顔で食べていた。

「おやっさまにいただいたから無理して食べた」と祖母はかたっていた。それほど、すしの作り方や味は家ごとにことなっていた。

祖母は昨年（2011年）まで、5月の連休明けに山椒が芽吹くと、海沿いの宇出津から塩漬けのアジを仕入れ、かために炊いた米とニンジン、トウガラシとともに木の樽に漬けた。

梅雨をこして40日以上おくと表面はかびだらけになるが、なかは乳酸発酵で適度な酸味がかもしだされる。「すしを食べとれば夏ばてせん」と祖母は信じてきた。

ウグイのすしと桶職人は消えた

海のない旧柳田村では、産卵のため春に町野川を遡上するウグイを漬ける家が多かった。だが、山間部で実施された国営農地開発による土砂が河口付近に堆積して遡上できなくなり、ウグイのすしは姿を消した。

ウグイだけではない。なれずしの独特のにおいを若い人はいやがり、世代交代によって漬けるのをやめる家があいついでいる。

危機感をつのらせた柳田食産は10年ほど前、なれずしづくりを会社で継承しようと考えた。宮前さんは、祖母をふくめ「名人」とされる4人の女性に教えをこい、それぞれの長所をいかしたすしを発売した。

発酵でやわらかくなった米はチーズのよう。発酵臭はほとんどない。「魚を細かく切ってピザにしてもよさそう」と客から評価された。

すしづくりの過程で、桶をつくる職人もいなくなったことに気づいた。

かつて村内の各地区に円筒形の棺桶（座棺）をつくる職人がおり、その人たちがすし桶なども製造していた。だが土葬から火葬にかわると次々に廃業した。

宮前さんの記憶では旧柳田村では20年ほど前に職人がいなくなった。柳田食産がなれずしをはじめる際に20個のすし桶をつくってもらった珠洲市の職人も、数年前に病気でやめてしまった。

なれずしは手間がかかり採算をとるのはむずかしいが、柳田食産では２０１１年、40リットルの桶10杯分をつくり、12年には倍に増やした。

「90歳すぎても元気な年寄りがごろごろおるのは、発酵食品のおかげではないか。ばあちゃんたちが達者なうちにうけつがないかん」と宮前さんは話す。

MEMO

魚醤
いしり（いしる）の語源は「魚汁」とされ、イワシやイカでつくる。能登では15、6社が年間約２００トン製造している。ハタハタを原料とする秋田のしょっつるは年間１００トン未満、いかなご醤油はごく微量。最近は全国で魚醤づくりがひろがり、サケやホッケをつかう北海道が最大の産地になった。

なれずし
塩蔵した魚を米飯とともに漬けて熟成させる。乳酸発酵による酸味とにおいが特徴で、琵琶湖の「ふなずし」が有名。起源は東南アジアで、稲作とともに日本につたわったと考えられている。なれずしが、ごはんに酢をつかって味つけした「早ずし」に変化し、そこから握りずしがうまれた。

取材年 2013年

場所 能登町・旧柳田村

猿鬼の意地、無農薬ブルーベリーの里が誕生

夏、内陸部の旧柳田村（能登町）では、あちこちの畑や民家の庭にブルーベリーがたわわにみのる。健康ブームもあって無農薬のブルーベリーが評判をよび、いまや能登町は北陸最大のブルーベリー産地になった。なぜ能登にブルーベリーなのだろう。

猿鬼をまつる岩井戸神社

「町の顔」ブルーベリーが棚田の荒廃ふせぐ

珠洲道路から北にはいった旧柳田村は能登随一の豪雪地帯で、当目《とうめ》という里には「猿鬼の宮」とよばれる岩井戸神社の社叢がこんもりしげっている。神社はふつう丘の上にあるものだが、神様に退治された猿鬼をまつっているせいか、石段をくだった谷底に社殿がある。

小谷さん夫妻、果実が熟すると鳥の被害をふせぐためネットで畑をおおう

社殿ちかくの「猿鬼の洞窟」は10キロ北の日本海までつづき、猿鬼は海まででかけてイカや魚を食べたとつたえられている。

猿鬼による人畜の被害をみかねた神々が退治にたちあがり、毒矢で目を射抜いた。それが「当目」の名の由来だ。猿鬼の黒い血が50里ながれたから「黒川」「五十里」という地名もある。神々が弓矢に千種の毒を塗った場所は「千徳」という。

２０１３年6月末、町野川沿いの五十里の集落から林道を数百メートルのぼると、谷間のわずかな平地に青いネットをかぶせた畑があった。ところどころ紫の丸い実がゆれている。

「昔は千枚田のような小さな田んぼだったんや」と小谷政治さん（78）。

かつては転作のソバを栽培していたが、転作奨励金以外は一銭にもならなかった。１９９０年、集落の生産組合長からブルーベリーをすすめられた。

「ブルーベリー」なんてきいたこともない。農業改良普及員も知識がない。ほかの果樹とおなじように深さ30センチの穴に土壌改良材をいれて植えてみたら、晩生のラビットアイという種類はそだったが、早生のハイブッシュは何度植えても4、5年で枯れてしまう。そこで、丈夫なラビットアイにハイブッシュを接ぎ木した。春先に花芽を剪定して果実をふとらせ選別が楽になるよう工夫した。

いま約3反（30アール）に20種600本をそだてている。無農薬だから手で毛虫を駆除する。下草刈りも大変だ。でも小遣いにもならなかったソバやコメにくらべるとありがたい。

「ブルーベリーがなかったら、この田は今ごろはカヤや雑木におおわれて山にもどっとったわ」

世界初のブルーベリーワイン

能登町のブルーベリーの歴史は柳田村時代の1983年にさかのぼる。

旧柳田村では、国営農地開発で380町歩（380ヘクタール）が開拓され、クリの栽培をめざしたが、ほぼ全滅した。そのころ村の農協の駒寄孝造組合長が、「村にナツハゼがあるなら、それにちかいブルーベリーをやったら？」という筑波大学の研究者のすすめで酸性土壌に強いブルーベリーの試験栽培をはじめていた。その助言もあって、役場職員だった高市範幸さん（60）は、荒れた農地にブルーベリーを植えて、世界で最初のブルーベリーワインをつくろうと考えた。当時「村おこしワイン」が全国にひろまっていた。

いきなり予算を要求してもみとめられないから、87年に組合長や村長ら5人で1000万円を出資し、巨峰ワインや胡麻焼酎「紅乙女」を生みだした福岡県の醸造家に教えをこうた。2年後、「猿鬼伝説」

の名でブルーベリーワイン発売にこぎつけ、最初の3000本は3カ月で売りきった。

柳田村はブルーベリーを転作作物として奨励し、90年に2・2ヘクタールの田に苗を植えた。

93年夏、役場の課長補佐だった高市さんが中心になって、全国の研究者や生産者がつどう「全国ブルーベリー祭り」を企画した。6000円でワインと能登牛の飲み放題・食べ放題にしたら、予想を上まわる人がつめかけ、肉が売りきれてしまった。

それが反村長派の議員の攻撃材料になり、高市さんは村議会でつるしあげられた。

「祭りは失敗だ。謝罪しろ！」

「大成功だと思っております！」

高市さんが声をはりあげて答弁すると「なんだと、きさまぁ！」と大騒ぎに。

「やめてやるわ！」と啖呵をきって、43歳で役場を退職した。

水道も電気もない山奥にそば店

役場をやめた高市さんは、電気も水道も道路もない山中に、古民家を移築してそば店をひらくことにした。周囲からは変人あつかいされた。

北陸電力に「電柱をつけて」と申し込むと、末端の電柱から1キロ以内は無料だが、それよりはなれているから60万円必要という。

隣の珠洲市では当時、原発建設計画をめぐって賛成派と反対派がはげしくあらそっていた。

「原発に徹底して反対してやるわ！」

高市さんが毒づくと、北陸電力は妥協案を提示してきた。

現在の末端から1キロ以内の珠洲道路の入口に電気の案内板をもうけてまず契約する。その後2つめの契約で残りの200メートルをひく……。こうして94年、「夢一輪館」はオープンにこぎつけた。

そばだけではなく、ブルーベリーのジャムやサイダー、燻製豆腐「畑のチーズ」、タコの燻製……など、能登の素材をつかった商品を次々にうみだしている。合鹿《ごうろく》地区の農民につたわる「合鹿椀」という無骨な椀は、輪島塗の原型という説もあるが、長らく忘れられていた。その制作にもとりくんだ。

正社員2人とパート3人をやとい、貴重な雇用の場にもなっている。

「猿鬼は新しい文化をもたらしながら、村人に殺された存在だったのではないか。私も、自分が猿鬼になるつもりで歯を食いしばってきました」

廃材のチップで土づくり

柳田村ふれあいの里公社（現能登町ふれあい公社）のモデル農場につとめていた田原義昭さん（62）は、93年の「全国ブルーベリー祭り」に参加した全国の生産者や研究者を村内の畑に案内した。生育が悪く枯れかかった木が多いのをみて、多くの参加者から「ぜんぜんなっとらん！」と批判された。

千葉県立農業大学校の専門家に土壌分析をしてもらうと「日本で一番悪条件」と診断された。もともと水田だから水はけが悪く根がくさる。だから早生のハイブッシュという品種はそだたなかったのだ。

能登町のブルーベリーづくりを指導してきた田原さん

まずあぜをこわし、溝をつくり、水はけをよくした。さらに、視察した米国のブルーベリー畑に木材チップが埋まっていたことを思いだした。当時、能登では各地で道路建設がすすみ、建設業者は伐採した木の根や端材をくだいたチップの処分にこまっていた。それをゆずりうけ、1反あたり10トンダンプ200台分のチップを厚さ50センチしきつめ、そこに苗を植える手法を2年間かけてあみだした。

栽培農家を増やすため、土づくりや苗づくり、植えつけまで「モデル農場」が担った。95年には苗や資材の代金の半額を農家に補助する村単独の制度をつくった。

廃材を再利用する手法は注目をあびたが、2003年に「産業廃棄物を無許可で処分している」と告発された。公社やモデル農場は警察に捜索され、農場長だった田原さんは十数回も警察署によびだされた。結局、金銭をうけとっていないことがわかり、不起訴になった。事件を機に、「能登産の針葉樹で、長さ3センチ、厚さ0・5センチ以下」といったチップの利用基準をもうけた。

ブルーベリーは当初、耕作放棄されている開拓地を活用する計画だったが、田原さんは「家にちかい一番よい田でつくれ」と指導してきた。歩ける距離ならば老いても管理できるし、孫もいっしょに収穫をたのしめるからだ。

ブルーベリーは苗を植えてしまえば、わずかな施肥と下草刈りをすればよい。1反（10アール）の田で150本管理すれば、年間450キロ収穫できる。町内の第3セクター柳田食産への販売価格は1キロ900円前後だから40万円ほどの売り上げになる。1反で10俵（600キロ）とれても10数万円にしかならないコメとは比較にならない。

能登町内では120軒がブルーベリーを植え、廃業した家をのぞいて現在87軒が11・5ヘクタールで栽培している。年間約20トン出荷し生産額は約2000万円だ。

「ほかの農作物が年々減るなかでブルーベリーだけはのびつづけ、町の顔になった。15ヘクタールをめざしたい」と、町農林水産課の担当者は期待をこめる。

健康ブームで庭に植える家も増え、「町内の半分ぐらいが植えているのでは」と田原さんは推測する。

過疎化による耕作放棄をふせいできたブルーベリーだが、後継者獲得は今後の課題だ。田原さんの集落も30軒中10軒は独居で、子どもがいるのは4軒だけ。

「10年もすれば条件のよい田も荒れてしまう。ブルーベリーだけではまだ食べていけないが、都会では1キロ4000円で売っている例もある。コメなんてつくってる場合じゃない。ほかの作物とくみあわせれば若い人に参加してもらえる可能性もあるはずです」

田原さんは２０１２年に公社を退職したあとも、さまざまな品種を交配し、甘くて収量の多い新品種をうみだす努力をつづけている。

MEMO

国営農地開発

１９６５年から91年にかけて奥能登7カ所に２５６０ヘクタールが造成された。クリや桑、たばこ、畜産が目的とされた。県奥能登農林総合事務所の調べでは、法面や林道をのぞいた農地１７１７ヘクタールの47％が耕作放棄状態。能登町によると、町内１２００ヘクタールの開発農地のうち、利用されているのは約３００ヘクタール。開発費の３～５％の負担金をはらえない人も多く、滞納額は１億円を超える。

取材年 2024年

場所 能登町・旧柳田村

里山のそば店、どん底から復活

地震、コロナ、巨大地震……

2024年3月13日、「夢一輪館」をたずねると、雪がのこる庭で、ダウンジャケットをはおった高市範幸さん(72)がたちつくしていた。

「07年の地震とはレベルがちがう。どこから手をつけていいかわからんで、ため息ばかりやわあ……」

夢一輪館の建物はたおれてはいないが、コンクリートの基礎がまっぷたつにわれた。屋内にはいると、柱が斜めにゆがんで窓がうごかない。土壁もくずれおちている。海藻などの保管庫や冷凍庫をおいた加工場はコンクリートの床が地割れのように裂けている。

海岸が隆起したから、アカモクなどの海藻は枯れてしまったろう。産卵期のマダコを、疑似餌をつけた竹竿でおびきよせて熊手でひっかける「たこすかし漁」もできないだろう。

コロナ禍で客が激減し、ようやく落ちついたと思ったら、23年5月5日の珠洲の地震がおきた。夏になって少しずつ回復し、今年こそはがんばろうと決意して24年をむかえたところだった。

娘と孫と生き別れか？

元日の午後4時、高市さんは自宅から「夢一輪館」にきて、捨て猫のチョンコにエサをやった。建物に鍵をかけて車にのろうとしたら、車が踊り狂うような揺れがおそって、建物の窓や玄関の扉、ガラス戸がバンバンたおれて落ちた。なんとか運転席にすわって、道にでようとしたらもう一度すごい揺れがおそった。

自宅では、「お父さんがかえってきたら食べよう」と、娘と大学生の孫娘がおせちを用意しているはずだった。だが、高市さんが自宅にたどりついたら、2人はいない。

ひと晩、自動車で寝たが翌朝になっても娘と孫はあらわれない。妻の実家に逃げたのかと思って電話するがつうじない。道路があちこち崩壊して、かけつけることもできない。

「土砂崩れにやられて生き別れしてもうたんじゃないかなぁ」

呆然としていると、集落の人に「高市さんもこっちに避難しておいで」と声をかけられた。

「娘も孫もおらんし……」

うつむいてこたえると、

「ふたりなら小学校の体育館にいっとるよー」

大学4年の孫が災害時の避難所についての知識があり、小学校の体育館に母親をつれていったのだ。

それから2週間、体育館でくらすことになった。

水も電気もない。懐中電灯にペットボトルをかぶせて明かりにした。食事は冷たいおにぎりやパンばかり。きたない仮設トイレにはいきたくないから、食べる量をへらし、水をのむのもひかえたら便秘になった。苛酷な環境で体調をくずす人があいついだ。

「子どもに言われたし、オレも金沢にいくわ」

同級生や近所の人たちは次々に柳田をはなれていく。

「柳田の人口は半分になっちゃう……」

さびしさにおそわれながら、高市さんは友人たちをみおくった。

2週間後に電気がつくと自宅にもどったが、水はつかえない。50メートル先の水路からバケツで水をくみ、トイレまで毎日何往復もした。雨の日は屋根から落ちる水をバケツにためた。飲料水は避難所からポリタンクでもらってきた。毎日の力仕事で体のあちこちがいたんだ。

娘は自衛隊が設置した風呂にかよった。高市さんは一度だけ行列にならんだが、寒くて風邪をひきそうでひきかえした。けっきょく2週間入浴しなかった。

蛇口から水がでた、と思ったら漏水がみつかってパタッととまる。そんなぬか喜びを何度もくりかえした。それでも高市さんの地区は1カ月ほどで復旧した。旧柳田村でも復旧が4月末にずれこむ地区もあったという。

山水を利用する里山の知恵

高市さんは地震後も毎日、捨て猫のチョンコにエサをやるため「夢一輪館」にかよっている。

「夢一輪館」は無人の山だったから水道はない。50メートル先の谷の湧き水をタンクにため、その水をポンプでみちびいている。ところが地震で地中の配管がこわれてしまった。高市さんは地表に管をはわせた。すると、むきだしのパイプは寒波におそわれた日に凍結した。

凍結をふせぐには常時水をながせばよいが、ながしつづけたら水源のタンクが空になり、ポンプが焼ける。その日の気温をみながら、ポンプをうごかす時間ととめる時間を設定しなければならない。

「30年前にはじめたときは試行錯誤の連続やった。そういう技術がないと里山暮らしはできない。後継者をつくろうにも、蛇口をひねれば水がでる暮らしをしている今の人には無理やろね」

わずか半世紀前、人々は山水を活用し、家がこわれたらご近所と協力して修理した。山菜や、海でとれる海産物を保存食に加工してきた。今回の地震で人口流出が加速したら、里山・里海の知恵が一気にとぎれてしまうのではないか……。

72歳、猿鬼の意地

谷間の水タンクのポンプを調節したあと、夢一輪館にもどってタンクをみると、水がいっぱいにたまっていた。

「よかったぁ。ホッとしたわぁ。正月に惨状をみたときは、もうやめだ、と思ったけど、多くの人に支援いただいているし、やめるわけにいかんもん。山奥でそば屋をはじめたとき、みんなにばかにされた。やめたら『それみたことか』と言われる。能登のため、意地でもあと10年はここでふんばります」

夢一輪館と高市範幸さん＝2024年3月

旧柳田村の農家の庭先で、おばあさんがブルーベリーをつんで口にいれるのをみたとき、なんておしゃれなムラなんだ！　とおどろきました。この風景は、数人の挑戦からはじまりました。

新しい文化の創造は保守的な「世間」にはばまれがちです。その壁を破るのが「鬼」の力です。神々（世間の常識）に殺された猿鬼に共感をおぼえます。

ブルーベリーがみのっていた町野川沿いの農家や、谷底の岩井戸神社の、9月の豪雨被害が心配です（夢一輪館は4月末に営業を再開しています）。

輪島塗そだてた塗師文化

「能登の食」に輪島塗は欠かせない。家々の蔵には赤い膳があり、夏祭りでは「ごっつぉ」をもりつけてふるまう。浄土真宗の寺の「お講」でも、輪島塗の膳に煮物などがならぶ。なぜ、輪島塗がそだったのだろう。

塗師屋は総合プロデューサー

輪島の漆器は、下地に地の粉とよばれる珪藻土をつかい、木地の破損しやすい個所に麻布をはる「布着せ」をほどこし、その上から何度も漆をぬりかさねる。定期的に修理すれば100年以上つかいつづけられる。他産地の漆器にくらべて圧倒的に丈夫だから、全国の旅館や寺の宿坊で重宝されてきた。

輪島に漆器がそだったのは、原料の漆やケヤキ、珪藻土があり、気候が適しているから……と、一般には説明されてきた。

「輪島屋善仁《ぜんに》」の中室勝郎社長は、輪島塗という全国ブランドがなぜ成立したのか研究してきた。すると、珪藻土もケヤキも漆も、日本のあちこちに存在することがわかった。輪島塗が輪島だけにさかえる理由がなくなってしまった。

そこで中室さんは、輪島塗が文化的な製品になったのは、そこに文化があったからではないかと考えた。そしてその文化をそだてたのは「塗師屋」だと結論づけた。

塗師屋とは、商品を企画し、職人につくらせ、売り歩く総合プロデューサーだ。

全国の得意先をたずね歩き、それぞれの土地の最先端の文化をもちかえり、それを漆器づくりに生かした。モダンな文化をもたらす塗師屋は、売り歩く先でも「輪島様」とありがたがられた。

中室さんの父は、山形県鶴岡市に「アンサンブル鶴岡」という楽団をつくった。ある塗師屋は滞在先で昼間はテニスをおしえ、夜に営業にまわった。別の塗師屋は、泊まった旅館で宴会芸を披露し、「私が景品をつけますから」と銘々皿を1枚ずつくばった。「1枚じゃしょうがないから」と10枚単位の注文がきた。輪島の塗師屋は知的でしたたかだった。

ブランド力のある輪島塗は戦後、塗師屋による直接取引から、問屋や百貨店をとおした取引に転換した。バブル期までよく売れたが、それとひきかえに、全国の文化を輪島にもたらした塗師屋のシステムが失われた。

さらに、バブル崩壊後は価格競争にさらされた。他産地との競争で品質を落としたことが、輪島塗が衰退した一因だと中室さんは考える。

「塗師の家」は文化トンネル

塗師の家。2024年の地震で焼失した

中室さんは、荒れはてていた明治時代の塗師屋の家を1990年に再生し、「塗師の家」と名づけた。

商工業をいとなむ町家は一般的に、表に売り場や工房があり、裏に居住部分がある「職前人後」だ。だが塗師の家はなぜか「人前職後」で、表に客間と仏間があり、職人のはたらく場所が奥にある。

当初は、奥の方が仕事に集中できるからだと中室さんは考えた。だが、それだけではないと思いなおした。

高い文化をもつ全国の富裕層とつきあう塗師屋は、そうした文化を職人に理解してもらう必要がある。職人に理解してもらうしかけとして、贅をこらした客間や仏間をつくったのではないか……。

前で学んで後ろでつくる「学前職後」という仕掛けであり、無意識に文化をまなぶ「文化トンネル」だったという。

「塗師の家」は、建築の専門家から「日本一美しい町屋」と評された。中室さんはこの家を、塗師がはぐくんだ高度な文化を体感できる場として活用したいと考えている。

今後の課題は、営業マン兼文化プランナーとしての塗師屋の再生だ。

「生活芸術品としての漆器をつくりあげてきた塗師文化が、空気のようにあたりまえになったとき、輪島は復活します」

輪島塗は、沈金や蒔絵をほどこさないシンプルなものでも1万円を超える。はじめてその値段をみたとき私もおどろいた。

だが実際につかうと、陶磁器とちがって冬は汁物がさめない。軽くて熱くならないから手でもちやすい。落としてもわれにくく、破損しても修理してもらえる。不便なのは、食洗機や電子レンジがつかえないことぐらいだ。その丈夫さを考えれば、高い買い物ではないと思えるようになった。

塗師の吉田宏之さんとひとみさん夫妻は自宅兼工房が全壊し、朝市通りのギャラリーも焼失しました。地震直後、周囲は「もうやめる」という声ばかりでしたが、日がたつにつれて「もう一度やるわぁ」という声が増えてきたそうです。

「お客さんが親身に応援してくれるから、がんばろうって思えた。漆を愛するお客さんって本当にあたたかいんです」とひとみさん。お客との利益を越えた信頼関係が「生きる力」につながっていたんですね。

第4章

「能登はやさしや」祭りと信仰の意味

巨大な燈籠をかつぐキリコ祭りや、田の神様を自宅でもてなす「あえのこと」、お寺の「お講」など、能登には祭りや伝統行事が濃密にうけつがれている。「能登はやさしや土までも」といわれる気質は、そうした「信心」によってはぐくまれてきた。

取材年　2011年、2024年

場所　奥能登一円

あんちゃんがかえってくる「キリコ祭り」

道ゆく人を接待する「呼ばれ」

能登の祭りのシンボルは巨大な燈籠「キリコ」だ。能登半島の約150カ所の祭りで7月から10月まで、みこしのお供として登場する。

そのはじまりをつげるのが、7月の最初の週末にある能登町宇出津《うしつ》の「あばれ祭り」である。

昼間まちを歩くと洋品店の店先に、肩当て用の座布団やハッピがならんでいる。ふだんは人影まばらな商店街に露店がならび、ハッピ姿の若者やサラシを巻いた女の子が闊歩する。都会にでていた若者もこの日だけはもどってくるのだ。

日が沈むと、家々の軒先に提灯がともる。開けはなっ

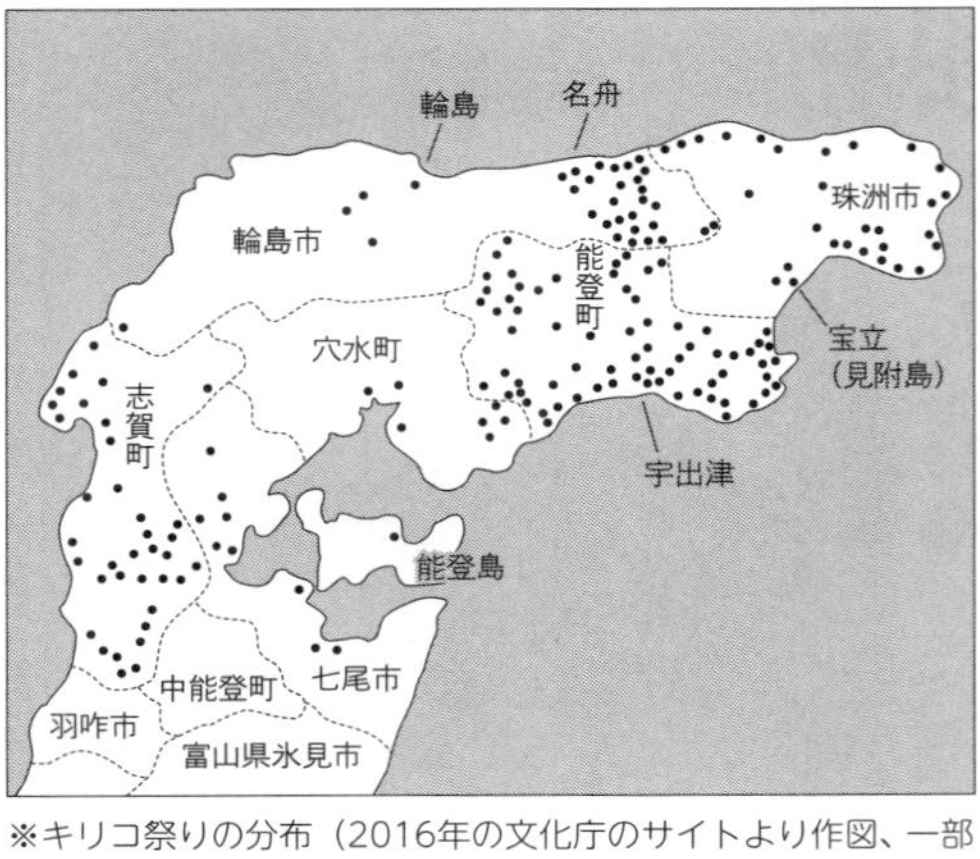

※キリコ祭りの分布（2016年の文化庁のサイトより作図、一部改変）

道ゆく人にゴッツォをふるまう「呼ばれ」

た座敷には、刺身やサザエ、煮物、赤飯、茶碗蒸しといったゴッツォ（ごちそう）がならぶ。道ゆく人を接待する「呼ばれ」という風習だ。

どの家も来客がたえない。何軒もかけもちしてゴッツォをむさぼる人もいる。何十人もの接待をする女性は大変だ。3歳の子が客に座布団をだし、中学生になると熱燗のかげんがわかる……といわれる。幼いころからもてなしの基本をたたきこまれることが、和倉温泉のホテル「加賀屋」などの上質なもてなしにつながっているらしい。

たたきつけられ、黒焦げになるみこし

午後8時すぎに花火があがると、高さ7メートルのキリコ約40基が各町内を出発し、港に面した広場に集結する。巨大な松明が夜空をこがし、火の粉がふりそそぐなかをキリコが乱舞する。手足はやけどだらけになるが「神さんの粉やさけぇ、ありがてぇ」と気にもしない。

2日目の晩は、「チョーサ　チョーサ」のかけ声とともに

神輿を路面にたたきつけ、川や海、火に投げこんであばれまわる。

神輿のかき手になるには、責任者にみとめられなければならない。2011年の祭りの前に責任者の小川清一さん（43）に選考基準をきくと「面構え」。神輿を投げたりころがしたりするとき、1人でも力をぬいたら危険だからだ。

この年、新しい神輿を制作した大工の舩本憲一さん（65）によると、こわれても安全なようにクギはつかわない。神様のやどる本体の芯棒は直径40センチのケヤキやサクラだ。

「自分もかついでいるときは、こわしたかったけど、今は逆。対決だわね。神様のはいるところだけはこわさせせん」

宇出津の「あばれ祭り」

輪島の河井町の重蔵神社の祭り

名舟地区の御陣乗太鼓

「かつぐ俺らは、かたね棒（かつぐ棒）しかのこらんようにしてやる、って気持ちですわ」

小川さんは不敵に笑った。

祭りの終わりに秋の気配

8月末にひらかれる輪島市の4地区（海士町、河井町、鳳至町、輪島崎町）の夏祭りは総称して「輪島大祭」とよばれる。

私は友人にさそわれて、鳳至町の住吉神社の祭りに参加させてもらっていた。

午後4時すぎから酒をのみ、暗くなると漆塗りのキリコをかついで町を巡行する。河原田川にかかる橋を疾走し、水分補給でビールをあおる。そのうち、若い男女の数が減り、キリコが少しずつ重くなっていく。輪島の祭りは男女の恋をはぐくむ機能を今もはたしているのだ。裸にハッピをはおると女の子にもてるのだという。

午前0時すぎ、町内にもどると、すしやビール、地元「白藤酒造」の酒をふるまわれる。帰途、真っ暗なまちに虫の声がひびき、ひんやりした風に秋のおとずれがかんじられた。

一子相伝の御陣乗太鼓

輪島市街から東へ10キロ、名舟地区の「大祭」は、地元うまれの男しかたたけない「御陣乗太鼓《ごじんじょ》」で知られている。

7月31日夜、山の中腹にある白山神社に4基のキリコがあつまり、神輿とともに港にくだる。ここのキリコはろうそくの灯だから、幻想的な明かりがゆらゆらゆれる。

神輿を舟にのせて海中の鳥居の下まではこび、50キロ沖にうかぶ舳倉島の奥津比咩《おきつひめ》神社の祭神をむかえる。神輿が海岸にもどると神社のふもとの舞台で御陣乗太鼓がはじまる。

鬼のような面をかぶり、海草をかたどった髪の毛をふりみだしてバチをふるう。かがり火に照らされた奇怪な面と太鼓のひびきが、あの世とこの世のあわいの世界をうかびあがらせる。翌8月1日は午後2時ごろ舟に神輿をのせて、海中の鳥居まで祭神をおくったあと、ふたたび太鼓が奉納される。

上杉謙信の軍勢が1577年に名舟に攻めこんだ際、鬼や亡霊の面に海草の髪をふりみだして太鼓を鳴らして夜襲をかけ、上杉軍を撃退したと公式には説明されている。だがこれは昭和40年代につくられたストーリーらしい。

輪島前《わじまさき》神社の中村裕・宮司は次のように説明してくれた。

「加賀藩が400年前、海士町の住民に漁場として舳倉島をあたえたが、舳倉島は本来、名舟に属する島だった。その後150年間、明治になるまで島の争奪戦がつづいた。その争いで、面をかぶって太鼓をたたいて夜襲をかけたのがはじまりです」

そう考えると、舳倉島の祭神をむかえるという意味がよくわかる。

観光ブームでキリコ新調

宝立七夕キリコ

キリコ祭りは時代とともに進化する。
「軍艦島」とよばれる見附島（珠洲市宝立町）ちかくの海岸では8月はじめ「七夕キリコ」がもよおされる。祖先の霊をむかえる行事で、提灯やぼんぼりでかざられた高さ14メートルのキリコが花火があがる海のなかをゆらゆらと乱舞する。

戦前は、竹をはしごのようにくみたてる小さな竹製キリコだった。戦後もしばらくは、妙巌寺《みょうごんじ》という寺の門徒が2本のキリコをかつぐだけだった。

1960年代半ばの観光ブームのころ、見附島商店会は100軒以上が加盟（2014年は20軒）し、パチンコ屋もそば屋も旅館もあって「銀座通り」とよばれた。

民宿をいとなむ田崎正彦さん（1945年生まれ）の町内は、山間の柳田村（能登町）から買った高さ13メートルの古いキリコをかついでいた。木材はアテ（ヒノキアスナロ）だから2トン以上の重さがあった。重いからかつぎあげられず、鉄板をかましてひきずっていた。

90年ごろ、キリコを600万円かけて新調することにした。かたね棒（かつぐ棒）はスギに、屋根は軽いキリをつかい、1・2トンに軽

かつての銀座通りは多くの家屋が倒壊した＝2024年

量化した。1年かけて完成したキリコを本番でかつぎあげたとき、制作した大工は涙をながしてよろこんだ。

「ずっとキリコをひきずってたけど、みっともないさかい、きちっとかっこよくかつぎたかった。それが実現できてうれしかったぁ。台車をつけてないキリコは宇出津とここと柳田ぐらい。台車をつけたらキリコの意味がねぇ。ぜったいかつぐんだって、意地やね」

田崎さんは胸をはった。

見附島崩壊

2024年元日の能登半島地震で、鵜飼川の河口ちかくにあったキリコ倉庫が津波に直撃され、大キリコ4基と子どもキリコ1基がながされた。

2月11日に現地をおとずれると、見附島はくずれて「軍艦」ではなくなっている。砂浜は津波で無数のごみが散乱していた。銀座通りとよばれた商店街は、多くの家屋が倒壊し、マンホールが道路から突出し、大半の電信柱がかたむいて空間がゆがんでみえるほどだ。
２０２４年の「七夕キリコ」は中止となった。

２０２４年夏、宇出津の「あばれ祭り」は開催されました。輪島大祭は重蔵神社の祭りだけキリコが巡行しました。ただ、火災で多くの犠牲者がでた朝市通りをふくむ地区は、「お祭り騒ぎをするべきではない」「祭りをせんかったら、地域はまとまれん」……という議論の末、キリコ巡行はやめ、1カ所にならべて祈りをささげたそうです。

祭りの基盤にある「祈り」があるかぎり、能登はあきらめを克服し、ふたたびたちあがると私は信じています。

取材年 2011年

信仰をベースに進化するキリコ

藤平朝雄さんにきく

「祭りのために生きてるようなもんよ」と、能登の人たちはキリコ祭りをほこる。その魅力について「キリコ会館」の初代館長をつとめた藤平朝雄さんにきいた。

――なぜキリコ祭りは能登に集中しているのでしょう。

「キリコ祭り」は正式名称ではありません。旧暦6月末の「夏越《なごし》の神事」と「七夕」「祇園祭」「収穫祭」という4種類の祭りがあり、奥能登を中心に150カ所で約700本のキリコがでます。

秋田の竿燈《かんとう》や青森のねぶたとともに、京都を起源とする「風流《ふりゅう》灯籠」の仲間で、北前船でさかえた江戸末期に巨大化して飾りつけもはなやかになりました。

藤平朝雄（ふじひら・あさお）

1939年、東京都生まれ。脱サラ後、3年4カ月、働きながら全国を旅行し、69年から輪島市町野町曽々木に在住。能登半島広域観光協会相談役。

――能登では祭りの存在感がとりわけ大きいのでは？

くそ暑い真夏に時間と労力をかけて巨大な松明を組んで一瞬にして燃やしてしまう。普通に考えればばかばかしいけど、火の神や水の神と先祖が心をかよわせた信仰のなごりです。

同時に祭りは「あんちゃんがかえってきて家族があつまる日」であり、同級生がつどう機会です。そして、老若男女総出で参加できる「おらが自慢のものをみていただく」という集団パフォーマンスでもあります。

少子高齢化でキリコの数が減り、担ぎ手が減って台車をつけ、キリコをやめて祝詞だけになった集落もあるけれど、祭りはなくならない。逆に、大切な祭りをやめる事態になったときは、精神的にも限界集落になってしまうのでしょう。

――町おこしイベントとどこがちがうのでしょう。

イベントは、カネ（補助金）とアイデアが切れたらおしまいだけど、祭りは住民が、神様の名のもとに労力もカネも奉仕して何百年もつづけてきました。さらに、客にごちそうをふるまうなど、外の人にもひらかれています。

彫刻をほったり、漆をぬったりと、何世代もの人々が少しずつ改良することで今の形ができてきました。信仰という基本をたもちながら、流行を少しずつとりいれてきたのが、キリコ祭りのすばらしさです。

――世界農業遺産（ＧＩＡＨＳ）認定では、「能登の里山里海」の生業が評価されました。

千枚田も塩田も「生産性」だけみればのこるはずがない。生物多様性や祭り、文化などをふくめたトータルなシステムによってまもってきたものがＧＩＡＨＳで評価されました。キリコ祭りは、地域を持続可能にするうえで大切な要素のひとつです。

――キリコ祭りの今後は？

うちの町内ではキリコをかつげる若い衆の男は８人しかおらず、近隣から助っ人をよんでいます。さらに、隣町同士の助け合いではまにあわず、都市の学生さんにきてもらう地区もあります。

だが「担ぎ手」としてよぶだけではもったいない。都会の学生と能登のお年寄りの交流をとおして、能登の魅力を外部に発信してもらうなど、新たな可能性をさぐる機会にするべきだと思います。

田の神様を自宅で接待　「あえのこと」復活

稲刈りがすんで冬になると奥能登の農家は、目のみえない「田の神様」を家にまねいて、ごちそうや風呂でもてなした。「あえのこと」とよばれる農耕儀礼は高度経済成長以降、多くが姿を消したが、能登町国重集落では2008年に復活させた。

記憶もちより田の神様の接待を再現

標高150メートル前後の雪深い谷に15軒が点在する国重地区は、県道からはずれ、今も水道がない。落人がひらいたという伝説もあり、区長の吉村安弘さん（69）が子どものころはまさに「隠れ里」だった。

吉村さん宅は戦前、3キロはなれた能登町中心部の宇

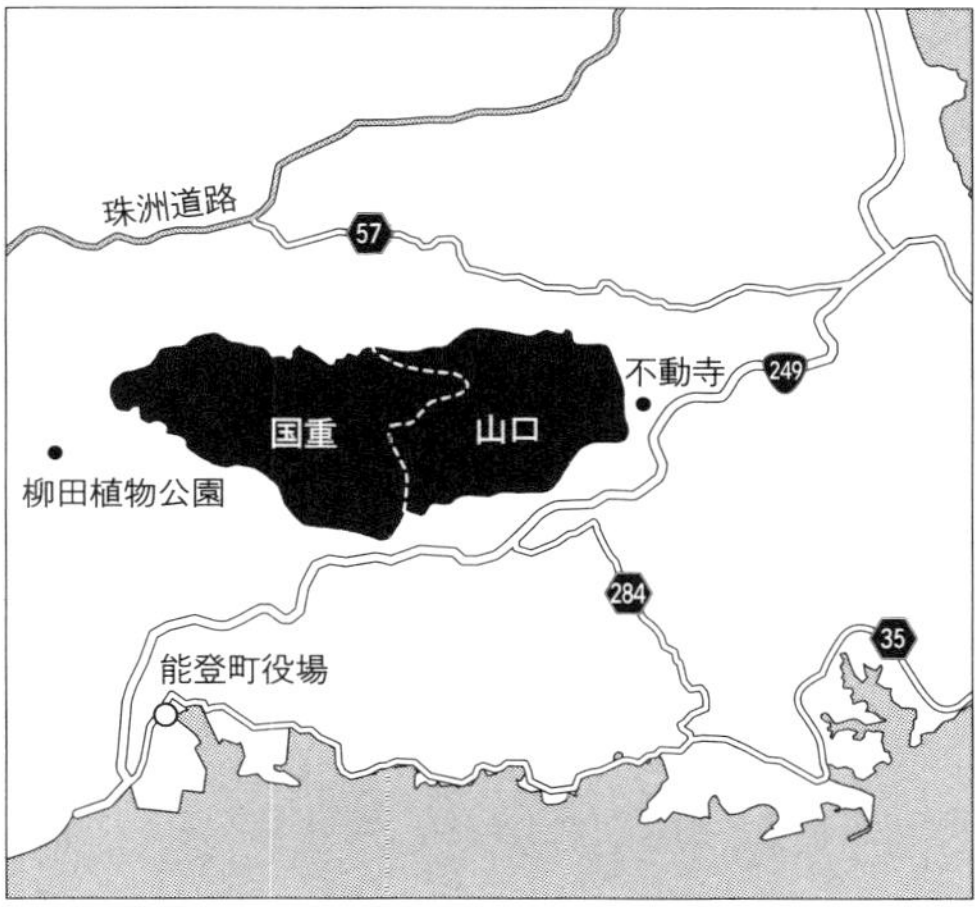

座布団にすわった２人の田の神様に酒をつぐ吉村さん

出津にも土地をもつ大地主だった。祖父は旧木郎村の村長をつとめ、自宅は広さ約２００坪という広大さだ。

国重の住民の半分は真言宗で、半分は浄土真宗だ。真宗の家の「あえのこと」は神棚にお供えをする程度だが、真言宗の家は田で神様をむかえ、風呂をわかし、小豆ごはんやハチメ（メバル）、ナマス、納豆汁などでもてなした。「神様のおさがり」が子どもの楽しみだった。

吉村さんは小学4年生の冬、結核に伏せていた父のかわりに田の神様を玄関ででむかえ、風呂に案内し、ごちそうをすすめた。翌年12月5日のあえのことの日、父は亡くなった。吉村さんは中学から金沢にでて、その後は母が細々とつづけたが、１９７０年ごろにやめてしまった。

吉田義法さん（41）の家では、物心ついたころにはやめていた。だが愛知県の大学を卒業して帰郷した年の冬、勤めからかえると座敷にいる父によばれた。

「田の神様がきてるから、こっちきてお前も酌をしろ」

裸電球のともった座敷には、小豆ごはんや刺身がのった膳がならんでいた。それが自宅でみた最初で最後の「あえのこと」だった。

国重は伝統行事を大事にしてきた。

過疎でキリコや神輿をやめる地区があいつぐが、15世帯40人（2020年は11世帯28人）の国重の夏祭りでは今も松明の周囲をキリコと神輿が乱舞する。

吉田さんが小学生のころ、キリコの障子をはりかえ、提灯をつけかえ、紅葉の木に短冊をつけるのは集落の4人の子の仕事だった。

だが、先輩が1人、2人とぬけ、高校時代にはすべて1人でこなすことになった。不惑をすぎた今もおなじ作業をしている。

「田の神様をやろうよ」

08年秋、月1度の集落の「常会」後に酒をのんでいるとき、吉田さんがきりだした。

60歳で国重に帰郷し不動寺公民館館長をつとめていた吉村さんも、個人的に復活を考えていた。吉田さんの提案は「渡りに船」だった。「田の神様保存会」をつくり、子どものころの記憶をもちよって再現した。米俵や紋付袴なども少しずつ新調している。

復活にとりくむなかで、昔ながらの米作りの知恵が失われていることを吉村さんは痛感した。

国重でも田をつくる家は6軒に減っている。俵のふたの部分を編める人はもういない。何種類もあるくわの使い方も数年後にはわからなくなってしまう。

「あえのことをのこすには、昔ながらの米作りを保存する必要があるとかんじています」と吉村さんは話す。

常会の上座は「おやっさま」

国重集落の世帯数は1950年の26から15に減ったが、「あえのこと」を復活させた。そのエネルギーの源泉は「常会」にあるという。

吉田義法さんは大学を卒業して帰郷すると集落の「国重太鼓」のグループにさそわれた。メンバーは7人。ずっと最年少だったが、ようやく最近20代の若者が加入した。

当初は観光ホテルなどで年100回の公演をこなした。ホテルが廃業し年間10数回に減ったが、太鼓グループは、若手を地域活動につなげる役割をはたしてきた。

8年前、町内会長だった父が亡くなった。国重では昔から、毎月15日に全世帯主がつどう「常会」がひらかれている。税金や年金、下水道代、新聞代もこの場で集金する。町内会が納税組合もかね、年間5万円の還付金を常会の運営費にあてている。

国重では5軒のおやっさま（旧地主）が町内会長をつとめ、のこりの家から実務をになう班長3人がえらばれてきた。常会の席も、旧地主の5人が上座にすわるならわしだった。吉田さんの家は吉村安弘さん宅に次ぐ規模の旧地主だった。はじめての参加だが、上座にすわらされた。

「民主化」は挫折、でも常会は活力源

全住民が田畑や山ではたらいている時代は地主が町内会長になるのが自然だった。戦後の一時期は選挙でえらんだが、道路工事で役場と折衝する際、土地をもつ地主がトップのほうが便利だから、もとにもどった。

だが今、住民の大半は勤め人だ。田をつくる家は6軒しかない。「家」に関係なく適任者をえらぶべきではないか、と吉田さんは常会で提案した。猛反対にさらされ、重苦しい沈黙がつづくなか、「今回は私がやりましょう」と前会長が申しでた。

1年後、吉田さんはふたたび提案し、選挙をすることになった。先手を打って旧地主以外の人を会長に推薦した。だが対抗馬をだされ、吉田さんが推した候補に投票したのは吉田さんだけだった。一方、班長に吉田さんが立候補すると、それはみとめられた。以来、旧地主の家からも3人の班長がえらばれている。

常会は江戸時代、大地主だった吉村さんの祖先が、村人を月1回休ませるためにはじめたとされる。その日は昼間から吉村さん宅で食事やどぶろくがふるまわれた。

戦後は夜に常会をひらくようになったが、会議後は夜更けまで酒をくみかわす。ふだんは同年代と親の世代以外はつきあいがないが、常会ではさまざまな年代の人とかたりあえる。「常会が、集落のまとまりをつくっている」「常会がなければあえのことの復活もなかった」と住民は口をそろえる。江戸時代の開明的な地主がもうけた制度が今も暮らしや祭りをささえているのだ。

「奥能登のあえのこと」は国連教育科学文化機関（ユネスコ）の無形文化遺産にえらばれた。国重のあえのことには毎年、研究者や写真愛好家ら30～40人がおとずれる。吉田さんは期待をこめてかたる。

「私たちにとって普通の作業や光景が評価され、もう少し農作業をがんばってみようという機運がでてきた。注目されることで、一度外にでた人が祭りなどにかえってくるようになったらいいですね」

MEMO

あえのこと

田の神を12月5日に家にまねいてもてなし、2月9日に豊作を祈っておくりだす。2009年にユネスコの無形文化遺産に。1975年の調査では、3411軒が「実施」、3467軒が「以前に実施していた」と回答。09年の県の教育委員会のアンケートでは、奥能登2市2町で85人が継続していた。

取材年 2013年 場所 能登町時長・山口

農耕儀礼と共有田で里づくり

「あえのこと」を復活させた国重に隣接する山口集落では2007年から、耕作できなくなった田を集落で共同でたがやし、13年には「あえのこと」をふくめさまざまな農耕儀礼を復活させた。伝統行事には、絆をもやいなおす力があるという。

全戸参加の集落営農

広い谷に青々とした田がひろがる山口集落は、43世帯132人がすむ。1軒あたり5反(50アール)ほどの田と山林を所有する家が多く、比較的裕福な集落だった。

6年ほど前、1町歩(1ヘクタール)余りの田をもつ住民が病にたおれ、農作業をつづけられなくなった。

集落の田はかつての3分の2の20町歩に減り、山奥の棚田は山にかえっている。高齢化で半分の家は米作りをやめ、条件のよい中心部でも外部の農業法人にまかせる人がでてきていた。法人に委託した田は草刈りの回数が少ないから、あぜは背丈ほどの雑草におおわれている。

その光景に心をいためていた花畑寿一さん（72）らは考えた。

「法人にたのむのではなく、集落のみんなでまもったほうがええがじゃないか」

農村の環境保全を目的とする国の補助金をつかうため07年に集落営農組織「山口みどりの里保存会」をたちあげた。1町3反の共有田には普通の米のほか餅米や草餅の材料のヨモギも植えた。

一般的な集落営農とことなり、山口では全戸が保存会に参加する。月一度の草刈りなどには、高齢者も、集会所周辺の草刈りや掃除を担う。

12月には「収穫感謝祭」をもよおし、世話になった人をまねいて地元の寒ブリや七面鳥の焼き鳥を楽しんでいる。

収穫した米は販売するだけでなく、水田をやめた高齢者が購入し息子や娘におくる。「在所（集落）の米」をおくれるのがお年寄りにはうれしい。

農作業が機械化される以前、田植や稲刈りは「結《ゆい》」とよばれる共同作業でこなした。手伝った人にはお礼がわりに「刈り上げ餅」をくばった。機械化や兼業化で「結」がなくなり、祭り以外で住民がつどう場はない。集落内の会話はあいさつ程度になった。それが、共有田の作業によって共通の話題が一気に増えた。

内浦農協の組合長を9年間つとめた花畑さんは、06年ごろから、会費1000円の飲み会を毎月、集落の集会所でひらいてきた。テーマはきめず、気ままにかたりあう。「会議」では萎縮してしまう人も「飲み会」ならば本音で話せる。最近では、隣の国重で「あえのこと」を復活したこともよく話題にのぼる。

「飲み会や共有田をやることで、みんなの関係がちかくなってきた。草を刈ってみんなで美しい田をまもっていると、経済的にプラスにならんでも、人間にとって大事なもんがあるんじゃないかって思うよ」

そんな共同作業後の「飲み会」での会話から13年春、新たな一歩がうまれた。

伊勢神宮献穀田で田植え神事、45年ぶりに虫札

山口集落の集落営農は、はざ干しなど昔ながらの技術を生かした米作りをしている。発足6年後の13年冬、農作業後の飲み会で、役場職員の吉村泰輝さん（43）がきりだした。

「伊勢神宮の式年遷宮だから、農耕儀礼を復活して、神様にそなえる米をつくりませんか」

妻は三重県伊勢市の出身だ。伊勢神宮の20年に一度の式年遷宮のための木材をはこぶ「お木曳《きひき》行事」に、吉村さんも06年に参加した。老人から若者まで1000人もの人が、台車にのせた巨木を声をあわせてひく。伝統行事は地区のまとまりをうみだしていた。

かつて山口でも多彩な農耕儀礼や祭りがあった。6月の願成寺の「大般若会」では「虫札」がくばられ、ミョウガの葉とともに竹の串にはさんで、田に水がそそぐ場所にたてた。夏祭りはキリコ4基が巨大たいまつの周囲を乱舞した。3日間の祭りの最終日は、川でとった鮎とジャガイモを煮た料理で「反省会」をひらいた。秋には、神主が全戸に伊勢神宮の札をおさめ、住民は神主に米や野菜を奉納した。「あえのこと」は、手作りの豆腐や二股大根、ハチメ（メバル）、小豆ごはんで田の神様をもてなした。

願成寺境内にそびえる高さ20メートルの塔婆《とうば》は4年に一度、住民の手で山から木を伐りだして立て、古

収穫感謝の神事につかう稲の束をこしらえる

い塔婆は寺の補修に活用した。

こうした行事は、高度経済成長期にすたれてしまう。あえのことは昭和30年代、虫札は農薬の普及で同40年ごろ、寺で食事を楽しむ2カ月に一度の「お講」も50年代になくなった。塔婆の建立も業者にゆだねるようになった。寺の信徒が御詠歌をとなえながら80軒の檀家を2週間かけて歩く「寒修行」も存続があやぶまれている。

そんななか「農耕儀礼復活」の提案は歓迎された。隣の国重集落のあえのこと復活を多くの住民がうらやましく思っていた。さらに、6年間の集落営農の実績が、新しいことにいどむ自信を住民のあいだにはぐくんでいた。

5月、共有田の一角に「伊勢神宮献穀田」をもうけて田植の神事をもよおした。6月には願成寺の「大般若会」で45年ぶりに虫札がくばられた。秋には「抜き穂祭り」という収穫感謝の神事をして、12

月には半世紀ぶりに「あえのこと」を復活させた。

虫札復活などがメディアにとりあげられてお年寄りは元気になり、若手は集落の文化を再発見している。

「私らの年代は寺とは葬式程度のつきあいしかなかった。虫札もはじめてみた。田にお札をたててから立ち小便ができんがになったね」

西谷幸一さん（45）はそう言って笑う。

農耕儀礼復活とともに環境への関心もたかまり、8月には地元の小学生と川の生き物調査をした。「山口みどりの里保存会」の花畑会長によると、山口では農薬はカメムシ対策程度しかつかわず、使用量は通常の4分の1ほど。化学肥料もわずかだから収量は少ないが味は抜群という。

「カメムシでコメが黒くなっても多少量が減るだけで毒はない。本当は農薬なんかやめて、虫やスズメもふくめた自然界のバランスを大事にしたい」

先祖伝来の知恵と文化を、集落営農という新たな「結」によって再生することで、山口集落は元気をとりもどしつつあるようだ。

取材年 2012年

場所 能登町・鵜川

餅をけなしあう奇祭「いどり祭り」

能登町鵜川の菅原神社で11月7日にひらかれる「いどり祭り」は、奉納された餅を口々にけなしあう奇祭だ。過疎がすすむなか、「女人禁制」をゆるめるなど、存続への工夫をかさねている。

「おらのカーカみたいに色黒や」

午後7時すぎに神事がおわると、前にかざられた直径1メートル重さ10キロの大鏡餅や小餅を、羽織袴姿の10人の「おやっさま」がいどりはじめた。「いどる」とは「非難する」という意味だ。

「これが餅か。ガタガタや」

「真ん中がへこんどる。けちったんや」

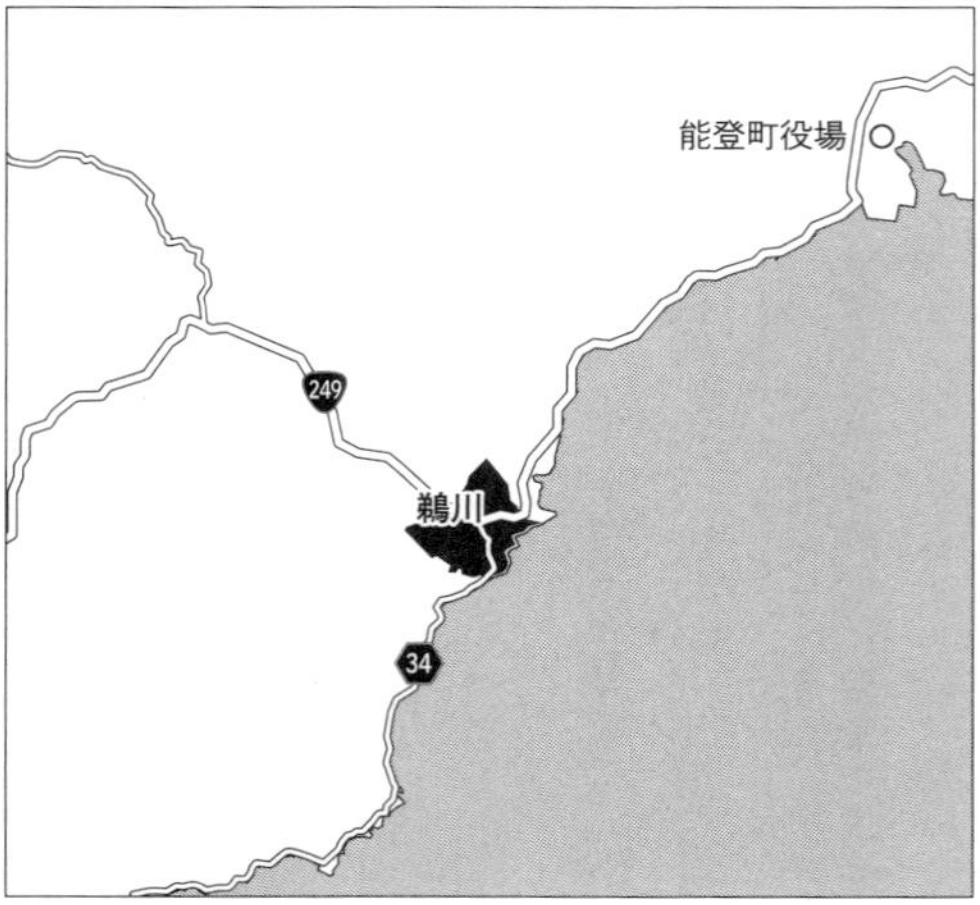

二枚重ねの大鏡餅を口々にののしる「おやっさま」たち

「薄いわ、色が黒いわ。おらのカーカみたいや」

「女衆に尻餅つかせたんやないか。においをかいでみさっし」

餅を奉納した側は必死に抗弁する。

「こんなきれいな餅、10年にいっぺんやぞ」

「これぞ餅肌や」……

40分間の応酬のあと、宮司が仲裁にはいった。

「ここらでみなさん堪忍してもろて。御神酒をいれてしめましょう」


1534年の文書にも登場する祭りは、名田《みょうでん》をもつ有力者（名主）がしきる中世の宮座の慣習をつたえている。

祭りの主賓をつとめる「伝兵衛さん」は鵜川地区の「おやっさま」広田家の当主だ。村長として菅原神社の社殿をたてたとつたえられ、毎年の当番は、伝兵衛を社殿にむかえるため広田家まで7回半かよわなければならない。

その年の当番の名組は一軒あたり米と餅米計2升をあつめ、1枚7升5合の米をつかう大鏡餅などを男手だけで準備してきた。

高齢化でゆるむ女人禁制

2012年の当番の小垣集落は、地区内3つの名組による運営や女人禁制のしきたりを厳格にまもってきた。他地区では餅つき機にたよるが、杵と臼もつかいつづけている。だが79年に184人だった人口は81人。数軒単位の名組で作業をになうのは限界だ。12年から集落全体で祭りを準備するかたちにきりかえた。女人禁制もゆるめ、下準備や洗い物は女性が手伝うことにした。

祭りの前々日の餅つきには集落中の女性が顔をだした。

「80年でみるのもはじめてや」

「家ではなにもせん父ちゃんが餅をつくなんておどろいた」

「これからは家でも手伝ってもらお」

一方の男性陣は「洗いもんとかしてくれてたすかる」「女衆があつまるとにぎやかでええ」と、よろこんだ。

「臼と杵の餅つきは大変だけど、わしが区長のあいだは絶対つづける。部落みんなの力で伝統をまもらないけん」と川上政行区長(66)は力説する。

もうひとつの当番の谷屋集落は人口わずか30人だ。40年以上前から女性の力をかりている。

「稲刈りがおわると男は出稼ぎだから、女だけで家をまもったがいね」

「男は早死にするさかい、ババーたちばかりや」

女性たちはにぎやかに笑う。

妹石武吉区長（57）は「祭りがあるから部落全体でわいわいできる。今は当番の人が費用を負担して、作業もしてるけど、全体で負担するかたちにする必要があるかも」と懸念する。

菅原神社の梅田真人宮司（45）には、もうひとつ心配ごとがある。かつては悪口がもりあがって仲裁に苦労したが、今は餅がきれいすぎるせいか悪口が低調なのだ。

「おやっさん、どう思うね」と話をむけると
「こんなきれいじゃ文句言えん」でおわってしまうことも。

「代替わりで若い世代はおとなしくなった。メディアに注目されて緊張するのかもしれん。最近は『酒をひっかけて勢いつけてやってくれ』ってたのんでます」

MEMO

いどり祭り
11月1～8日にもよおされる収穫感謝祭の7日目の神事。専門の神職がいなかった時代に、地域の有力者が祭りをしきった「宮座」の慣習をのこす。6地区12の名組が毎年2組ずつ交代で当番をつとめる。

取材年 2012年
場所 輪島市街

漁師町は奇祭の宝庫

面様年頭。かつては奇怪な面の「面様」のまわりを幼児がはやしたててついてまわった

輪島市の漁師町、輪島崎の1月は、厄除行事の「面様年頭《めんさまねんとう》」（重要無形民俗文化財）をはじめ、独特の祭りがあいつぐ。輪島崎になぜ祭りが多いのか、暮らしのなかでどんな位置を占めるのか、輪島前《わじまさき》神社などの宮司をつとめる中村裕さん（82）に案内してもらった。

中村さんは輪島前神社や、海女で知られる海士町の奥津比咩《おきつひめ》神社など8つの宮の宮司をかね、年間100回以上の祭りにかかわる。輪島前神社だけで1年に約30の祭りがあり、漁のない正月にとくに集中している。

「漁師は最後の最後は神仏にたよるしかないから信

仰があついんです」

1月14日と20日には、小学6年生の男児が夫婦神の面をつけて全戸をまわる「面様年頭」がある。今も「面様をやらんことには中学生になられん」という子が多い。

「昔は『面様ござった！』と幼児が何十人も手をたたいてぞろぞろとついてまわった。今は幼稚園や保育所にいくようになって、小さな子がでてこないのがさびしいね」

漁師町なのに、「面様」は1月14日に山からきて、20日に山にかえっていく。なぜ「山の神」なのだろう。

中村さんによると、輪島崎の人は昔は漁師ではなく百姓だった。江戸時代は北前船にのる人も多かった。明治期に北前船がなくなり、多くの住民が漁師になった。

11月20日と1月10日に、えびす座像が各家をまわる「えびす講」は漁師の祭りだが、明治以降にはじまったものだという。

「隣の海士町の漁師が沖にでても、輪島崎の漁師はちょっと波があると船をださない。漁師として新米だからかもしれんね」

過疎がすすむ能登では「若い衆がおらんさかい、お神輿さんをだされん」という集落が増えている。だが、漁師町の輪島崎と海士町では、中村さんが幼いころから子どもの数はかわらない。

「海士町では、神輿をかつぎたくてもかつがせてもらえん人もいる。仕事があり経済力があるから過疎知らずで、祭りや行事をささえていけるんでしょう」

海士町の夏の大祭では、女装した若者がみこしをかつぐ

世界農業遺産認定で、伝統文化がみなおされている。

「白米の千枚田は、一時はかなり耕作放棄されていたのが復活した。面様年頭も『学校を休んでまでやりたくない』という時代もあったが、ちかごろはみんながやりたがって、来年の予約をする5年生もいる。ようやく能登の時代がきたのかもしれんね」

取材年 2013年

祭りがつたえる生活の知恵
西山郷史さんにきく

夏から秋、能登では毎週のように祭りがある。祭りは共同体のなかでどんな役割をはたしてきたのか。能登の民俗にくわしい、珠洲市・西勝寺住職の西山郷史さん（66）にきいた。

――キリコや山車の祭りは、生活とどんな関係があるのでしょう。

たとえば経念太鼓山（珠洲市）の山車は幅6尺で、江戸時代の公の道の幅です。田の道路際は日あたりがよく、重要な苗代田として利用していたため、こっそり道をけずって自分の田をひろげる人がいます。山車をひくことでその部分をつぶしてしまう。神を背負う太鼓山が共同体をまもる役割をはたしています。

珠洲市中心の燈籠山祭りの山車は、以前は毎年土台からくみたて、フジのツル

西山郷史（にしやま・さとし）

1947～2022年。大谷大学大学院で国史学をまなび、県立高校の国語教諭に。退職後は珠洲焼資料館館長などをつとめた。著書に『蓮如と真宗行事　能登の宗教民俗』（木耳社）など。

高さ16メートルの燈籠山と総漆塗りの山車がねりあるく
燈籠山祭り

でしめました。年に一度、フジを伐採することで里山がきれいになりました。

砂浜で巨大な曳山をひっぱる祭りは、塩づくりと関係があります。外浦の「揚浜塩田」は「塗り浜」といって、まず粘土でかため、その上に砂をしいて塩田にしますが、広い砂浜がつづく内浦では、砂浜そのものをかたくしめて塩田にしました。巨大な山車をひくのは、砂地をしめる意味がありました。

——「あえのこと」などを復活する動きもあります。

「あえのこと」という名は実は大正時代にはじめて文献に登場しており、「田の神様」「あいのこと」と、地域によってさまざまな呼び名があります。「あいのこと」というのは秋祭りと正月の「間の行事」という意味だと思われます。

12月に神様を家にむかえるのは本来は夕方でしたが、テレビ放映にあわせて午後2時ごろにするところが増えました。多少の変化はしかたないけれど、本来の姿からずれて

1958年以来とだえていた珠洲市・宝立の「デカ曳山」は2008年に復活した。高さ18.5メートル、重さ20トン

いないか検証しなければ、名前だけの行事になってしまいます。

――輪島市久手川町の「もっそう飯」を食べる行事は、年貢に苦しむ農民が隠し田をつくり、その米を腹いっぱい食べたのがはじまりとされています。

隠し田伝説はあとからつくられました。あきらかにオヒガシ（真宗大谷派）の報恩講の流れであり、「来年も豊かにみのってほしい」という行事です。

――「本来の姿」をたもつ意味はどこにあるのでしょう。

石崎奉燈祭（七尾市）は旧暦6月15日の満月の日でした。満月の夜は明るくて魚がとれないから仏事や祭りをしたのです。早船狂言（珠洲市）は、「こんな雲なら漁にでてもいいぞ」といった内容をもりこみ、輪島市門前町のぞ

もっそう飯

んべら祭りは、田植えの手順を復習する内容をふくんでいます。

祭りは、生活の技術を体でおぼえる場でした。能登で集落ごとに祭りがあるのは、生産性が高く幅広い文化があったことをしめしています。

祭りがつたえた伝統の知恵は、機械化で見向きもされなくなりましたが、電気や時計がない時代の知恵は、いつか役だつ時がくるかもしれません。

――祭りの意味をつたえるため、どんなとりくみがありますか。

戦前の国家主義への反省から、戦後は地域教育に力をいれ、学校の先生が子どもをつれて郷土について調べました。だが今、地域にはいって指導できる先生がいなくなり、研究者も現地を歩かなくなった。地元の子が農林漁業の技術をまなんだ水産高校や農業高校がなくなったことも、地に足のついた祭りを継承するうえで痛手です。

本来の意味がうすれたとはいえ、能登は伝統行事がよくのこっています。能登にこそ県立博物館や研究機関をもうけ、文化や行事を記録、解説する本をつくっていく必要があります。

取材年 2012年

場所 能登町・不動寺

廃校の音楽会は男女平等の新しい祭り

旧内浦町の旧不動寺小学校では年2回、「水車の里の音楽会」がひらかれている。その音楽会が2012年、第30回の節目をむかえた。荒れはてていた校舎は、老若男女がつどう「学校」として再生し、町内外からおとずれるアマチュア音楽家に影響されてギターを手にする「2世」も誕生している。

地元の子40人も歌手デビュー

29回目となった2012年6月の夕方、山の斜面にたつ木造校舎に足をふみいれると、教室からギターの音がひびいてきた。

「あんなにけんかしてたはずなのに……ありがとうと言いたくて」

町内外のアマチュアミュージシャンがつどう。二次会はときに明け方までつづく

山田幸司さん（25）は、姉の結婚式のためにつくった歌を披露した。父の勝さん（55）は鼻をすすっている。

「今一番うれしいのは、だぁれ？」

司会がちゃかすと教室に笑いの波がひろがった。

1998年に音楽会がはじまったとき、幸司さんは小学生だった。県内各地からあつまるアマチュア音楽家の姿にあこがれ、中学3年で歌い手としてデビューした。

群馬県に就職したが、将来実家をつぐため金沢にうつった。

「みんながあつまる音楽会があるから不動寺にかえってくるのが楽しいんです」

父の勝さんは「Uターンを強制はしないけど、故郷をわすれないでいてくれるのがうれしい」。

音楽会がはじまって15年、幸司さんのように舞台を経験した「2世」は40人もいるという。

廃墟の校舎、25年ぶりに復活

不動寺小学校の近所でそだった小学校教諭の新谷信之さん（53）は子どものころ、始業の鐘が鳴るとあわてて校舎にかけこむ毎日だった。冬場だけ母親たちが順番で学校にきておかずをつくった。「あの母ちゃんだから肉なしカレーだ」などと毎日のおかずが楽しみだった。

学校は71年、新谷さんの卒業と同時に閉校となる。

地区から子どもの声が消え、バス便は減り、3、4軒あった商店もとじた。地域が死んでいくと新谷さんはかんじた。

96年秋、公民館でひらかれる恒例の社会体育大会に参加したとき、高台の校舎が目にはいった。閉校後は漁網工場になったが不況で閉鎖されていた。建物内には蔓草がジャングルのようにしげっている。所有者から校舎をゆずりうけ、30人で1日かけて掃除した。作業後、みんなで酒をくみかわした。25年ぶりに子どもが走りまわった。

「学校が喜んどるわぁ」

だれともなく口にした。

翌春、新谷さんがつとめる内浦町教委が校舎でオカリナのコンサートをひらいた。同僚が「夢一夜」をうたうと、ギターの音色が木造校舎にやわらかくひびいた。1年後、同僚はがんで死んだ。追悼の意味をこめて98年、集落にある水車小屋にちなんで「水車の里の音楽会」を企画した。7組の出演者は友人の音楽愛好家があつめてくれた。

音楽会後は宴会が夜更けまでつづく。白山市の会社員山岸正幸さん(54)は第1回から参加している。

「アマチュアが発表し交流できる貴重な場です。ぼくの人生の楽しみの8割はここにあります」

女も男も子どもも、みんなが主人公

「音楽会」は、新谷さんら当時30〜40代の10数人が企画した。保守的な農村は年長者にさからえない息苦しさがある。「操り人形ではなく、自分の足で歩きたい」とねがって、グループ名は「ピノキオ」とした。

ピノキオの活動は父母と子が一緒に参加する。父だけ遊べば妻はいやがり、母だけ遊ぶのは「家」の理解がえられないからだ。

音楽会の資金は一人あたりビール券1枚。香典返しでくばられるビール券はどの家にもあるから、負担にならない。おでんやカレーの野菜や米はみんなでもちよる。

音楽会の日、女性が古い農具に花をかざり、抹茶と砂糖菓子をふるまった。中学生は写真を撮り、小学生は出演者に花束をプレゼントする。大人も子どもも役割を分担し「自分たちの音楽会」という意識になれるように工夫している。

当初、主催側はだれひとり楽器を弾けなかったが、次第にギターを手にする人が増えた。今井真美子さん（49）も出演者の指導でギターをおぼえた。舞台の楽しさを知った娘は東京で映画を勉強している。「ここは大人も中学生もみんな友達。『おばちゃん』じゃなくて『今井さん』とよばれる。大人も子どもいっしょにまなべる『学校』なんです」

伝統のしきたりをうけついで「あえのこと」を復活させた国重も、農耕儀礼で「結」の再生をはかる山口も、「水車の里の音楽会」も、おなじ不動寺公民館の管内にある。それぞれの活動が発展していけば、伝統をのこしながら、女性や外の人にもひらかれた、移住者にもくらしやすい地域になるのではなかろうか。

取材年 2013年

場所 穴水町・曽良と甲

縄文の盆灯であきらめ克服

地蔵祭りも寒修行も消え、寺は無住に

鏡のように新緑の木々をうつす富山湾の、深く切れこんだ入り江沿いにひろがる穴水町の曽良《そら》集落は、深い湾と水路の風景から「東洋のベニス」と評されたこともある。海沿いの高台にある集落唯一の寺・千手院には樹齢700年のシイノキがそびえている。年間50日ほど、海のむこうに立山連峰がうかぶ景勝地だ。

住職の谷大観さん（59、穴水町議会事務局長）はこの寺にうまれた。千手院の檀家は集落の60軒のうち13軒だけ。これでは食べていけないから、父の時代に地区外の2カ寺の住職もかねることになった。

江戸時代、曽良は天領で、深い入り江を北前船が風待

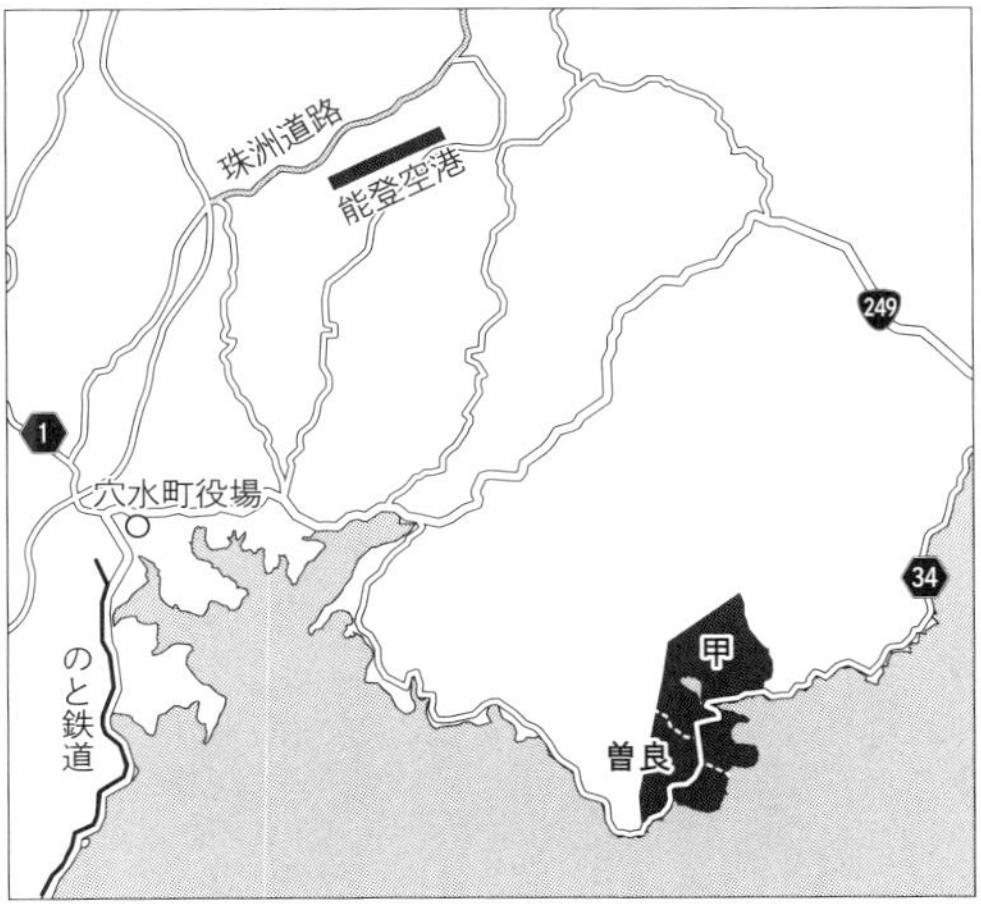

東洋のベニスとも評された曽良

ちに利用した。豊かなためか、農閑期も出稼ぎにでる人が少なく、年間をとおして祭りや伝統行事がさかんだった。

8月23日の地蔵祭りは、千手院の住職が地区内の10体ほどの地蔵をめぐって祈祷する神仏混合の奇祭だ。榊をのせた六角形の輿《こし》と数本のキリコが夜中まで練り歩いた。

1月の「子ども寒修行」は、「口減らし」で奉公にでる前の子をきたえる意味があった。12歳の男子が白装束に菅笠をかぶり、「南無大師観世音」ととなえながら2週間、集落の全戸をまわって托鉢した。米や餅、ミカンや小銭などをあつめて寺にもちかえると、ぜんざいや餅をふるまわれた。

「私のころは6年生の男子が9人いて寒修行をたのしんだ。大人になる前に村の隅々まで知るという意味もあったのかもしれません」

子どもが減って4、5年生や女子も参加するようになったが、2000年を最後に寒修行はなくなる。地蔵祭りも高齢化でキリコをだせなくなり、山車をひいた春祭りも08

年が最後になった。

谷さんは94年、住まいを14キロはなれた中居地区の地福院にうつした。妻が地福院の本尊の弥勒菩薩の夢をみたのがきっかけだった。

「曽良をすてていくがか」

「1軒しかない寺だから（檀徒じゃなくても）協力してやってるがに！」

住民からは悲鳴があがった。

「昔は兜村の役場や病院もあった。それらがすべてなくなり、寺まで無住になることへの危機感が大きかったのです」

曽良ではかつて網元や地主など計18軒が「おやっさま」とよばれた。なかでも中世以来の土豪・細木家は、江戸時代には集落の石高の3分の1を占める大地主だった。大正から昭和初期にかけては当主が県議会議員をつとめた。数年前まではこの18軒だけで区長をまわした。だが「おやっさま」も高齢化で数が減り、細木家の本家も空家になった。

「封建的なところでオレみたいな水呑百姓出身が区長になるなんて昔は考えられんかった」

2010年に区長になった滝谷芳朗さん（64）は話す。

「縄文焼き」は希望の盆灯

新出良一さん（72）は旧能都町役場で「世界一の縄文土器」づくりなどを手がけた。空き寺になって

千手院の斜面にうかびあがった光の文字

縄文焼きのランプシェードづくりを指導する新出さん

いた千手院で08年から「縄文焼き」の制作をはじめた。

09年8月、縄文焼きや竹のランプシェード計500灯を本堂や境内にならべる「盆灯」をもよおした。翌年は1000灯に。11年には集落全体の行事になり5000灯に。12年は7500灯に増え、集落人口の10倍の1500人がおとずれた。

13年は1万灯に増やすため、5月の連休明けから、ロウソクをともすカップの洗浄や竹の伐採などの準備をはじめた。

曽良では盆の夜、墓に行灯《あんどん》をかざる伝統があるが、その数は年々減っていた。「盆灯」という新たな祭りによって集落全体に明かりがひろがることになった。

「みんな年とってあきらめていたかんじやったけど、盆灯をやるがになって『在所のために』って、やる気満々になってきた。カップ洗いから土器づくりまで、腰の曲がったばあちゃんも楽しみにしてるがいね」

滝谷区長は笑った。

正月料理の「かぶらずし」女性が復活

曽良には「かぶらずし」という食べ物がある。カブに塩鯖をはさんで、ニンジンやトウガラシ、ユズといっしょにこうじ漬けにする。カブの甘みと酸味、サバのうま味が絶妙で、穴水町を代表する特産品となっている。

つくっているのは「曽良かぶら生産組合」の女性たち。はじまりは30年前にさかのぼる。

1983年、40代から60代の女性4人が冬場の仕事づくりを考えた。曽良では昔、地元のカブでかぶらずしを漬け、正月の酒のさかなにした。それを再現することにした。

つかわれていない蔵に天井を張って即席の加工場とし、3年間無償ではたらいて道具をそろえた。すしの大きさをそろえるため、直径9センチの金属の型で、大きなカブのやわらかい部分だけを打ちぬく。型は、縫製工場をいとなんでいた坂下昇さん（78）が縫製の「型抜き」を参考に鉄工所につくってもらった。高圧の空気でカブを一瞬で切断する機械も試作したが「年寄りにはこんなおそろしいもんつかえん」と女性らにこばまれた。

かぶらずしをつくる

かぶらずしの大きさをそろえるための型ぬき

曽良のかぶらずしは添加物をいっさいつかわない。当初は農協などからカブを仕入れていたが、組合で6反（60アール）の畑をおこし、ひと冬で約3万個つかうカブの9割を自給できるようになった。サバも06年ごろ、北欧産から能登産にきりかえた。塩は珠洲産だ。能登の里山里海を代表する味となった。

組合には7人が所属し、エプロン姿でおしゃべりを楽しみながら作業する。かぶらずしの稼ぎで軽自動車を買った人もいる。

「年とっても在所のなかではたらいて小遣いをかせげる。孫にお年玉もやれるし、お父さん（夫）に相談しなくても町にごちそうを食べにいける。組合があるから女の人が元気なのかも」

組合代表の室木律子さん（58）さんは話す。

駅も学校も消えた集落に「学校食堂」

かぶらずしは穴水を代表する特産品に育ったが、仕事があ

できあがったかぶらずし

るのは秋と冬だけだ。雇用につなげるには通年の仕事がほしい。

曽良など3地区の子がかよう兜小学校は08年に閉校となった。築10年の校舎は、卓球や音楽のグループがたまにつかう程度だ。室木さんは隣の甲《かぶと》地区の女性に地元の産物をつかった食堂づくりを提案した。

甲地区では、のと鉄道の穴水～蛸島間が05年に廃止され、甲駅という住民が顔をあわせる場が失われた。小学校の閉校で校区内3地区の住民がつどうのは運動会だけ。3地区合同だった敬老会もばらばらにひらくようになった。

「駅も学校も、人々が顔をあわせて活力をうむ場だったことに、失ってはじめて気づきました」と甲地区にすむ泊ひろ子さん（64）。

室木さんや泊さんら、曽良と甲の女性6人は、「かあさんの学校食堂」の13年秋のオープンをめざし、山菜の天ぷらやサヨリのフライ、タコ飯……などの試作をくりかえしている。

そんななかで地域をみる目も変化してきた。

「なにか山菜がないか足元をみながら歩くようになった」

「自然の豊かさをいかした散策コースとかお弁当とか、在所の資源をいかしたいと思いはじめた」

「地域の宝」に目がむくようになったという。

「元気に活動して年をとってもかがやいていたい。うまくいったら『人生の楽園』（第二の人生を楽しむ人を紹介するテレビ番組）みたいになるかな」

６人は夢みている。

MEMO

曽良と甲

明治の町村制施行で兜村に。兜村は１９５４年の合併で穴水町になった。曽良は１９７０年は88世帯３３４人だったが、２０１０年は62世帯１４３人、20年は50世帯１０５人。甲は２０１０年は１６１世帯４１２人、20年は１３８世帯３０６人。

取材年 2024年

場所 穴水町・曽良と甲

母ちゃんのムラおこし、次世代の復興活動にバトンタッチ

かぶらずしも「盆灯」もとだえた

能登半島地震後の2024年2月11日、曽良をたずねると、旧兜小学校の前に自衛隊の車両がならんでいた。曽良や甲の住民の避難所になっているのだ。

ここで「かぶらずし」の室木律子さん(69)と再会できた。

曽良に活気をもたらした「盆灯」は、縄文焼きを指導した新出良一さんが17年に亡くなりとだえた。かぶらずしもメンバーの高齢化で人手不足になり3年前にやめた。

13年からはじまった「かあさんの学校食堂」は、コロナで観光客がこなくなると地元住民むけの弁当をつくってきたが、24年3月に終了する予定だった。

地震当日から炊き出し

元日の地震後、曽良や甲の住民350人が旧兜小学校に避難してきた。穴水町では最大の避難所だった。

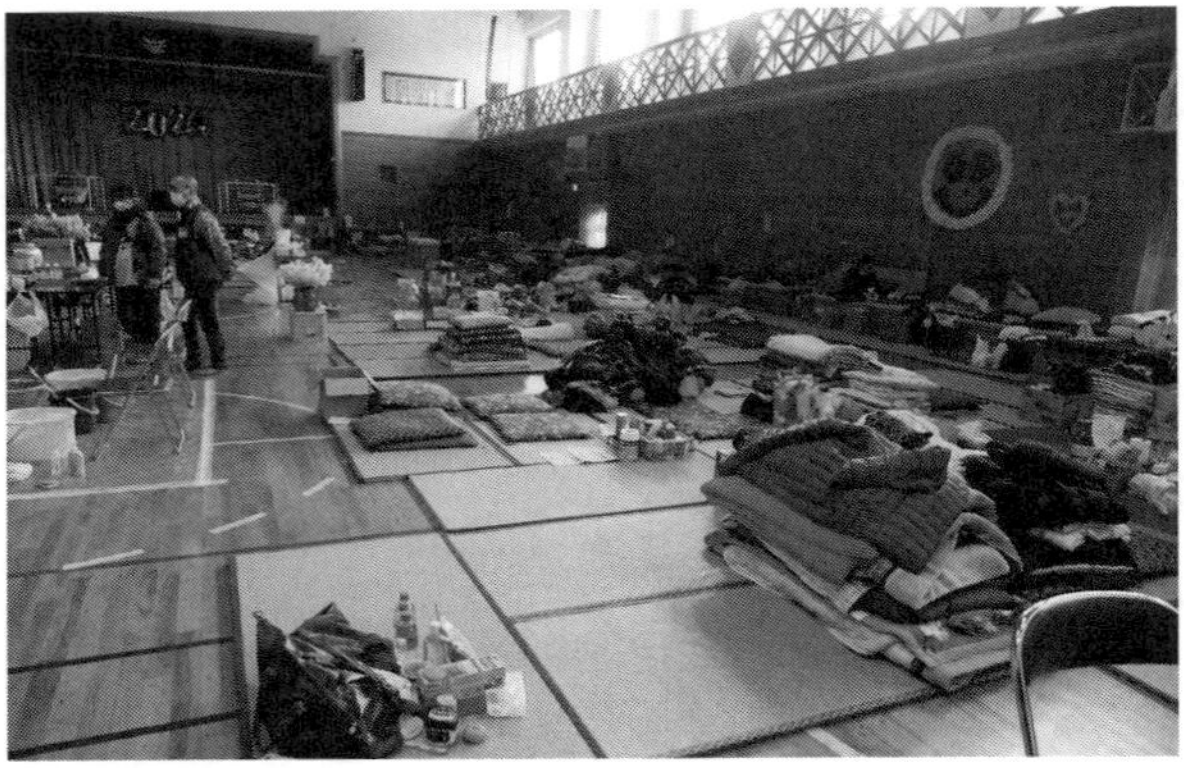

避難所になった旧兜小学校体育館

学校食堂をしていたから大型炊飯器や鍋、食器がそろっている。室木さんは自宅に保存していた米1斗（15キロ）をもってきて、学校食堂のメンバーら計12人で、地震直後の元日の夕食からおにぎりを炊き出しした。自衛隊やボランティアが到着する9日まで、もちよった米や野菜で、みそ汁やカレーなどをつくりつづけた。

甲地区の「穴水町消防団甲分団」は2022年の「全国消防操法大会」のポンプ車部門で準優勝した。その消防団員も活躍した。消防用の小さなタンクで、1日7、8回も川から水をくみ、学校の水タンクにはこんできた。水道の断水でトイレがつかえない避難所が続出したが、ここでは水洗トイレも洗濯機も機能しつづけた。

自宅は水がつかえないため、2月11日現在約80人が体育館で宿泊している。床には畳がしかれている。体育館は金沢星稜大学の地域活動の拠点だったため、畳を常備していたのだ。

「学校食堂の経験が生きて、地域に恩返しができてよかっ

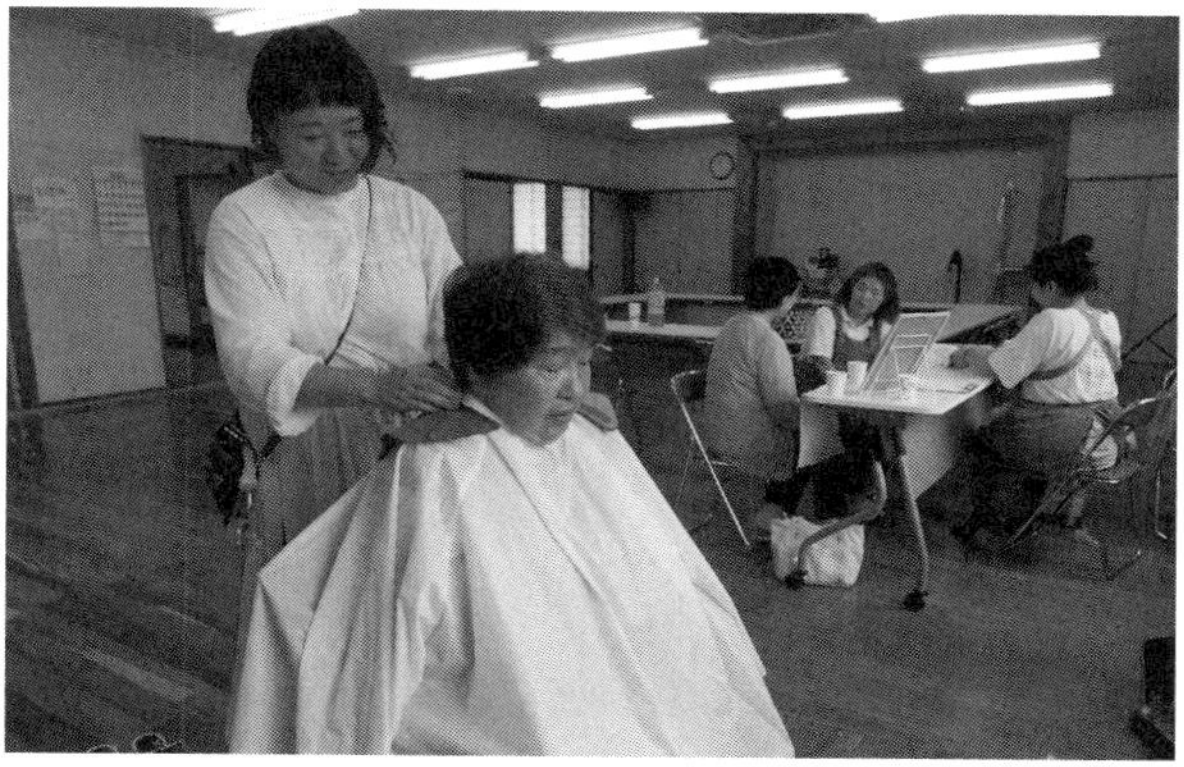

甲公民館でボランティアに髪をととのえてもらう室木さん＝2024年7月

た。10年間やっていた意味はこれだったんだと思いました。消防団も、避難所を運営してくれた人たちも、在所の力は本当にすごいなと思いました」と室木さんは話す。

学校食堂のDNAは次世代へ

7月半ばに再訪すると、学校食堂は解散していたが、メンバーだった東井由美さんら8人が隣の甲地区で「甲みらい」というグループをたちあげていた。

さらに東井さんの次男で、埼玉県在住の孝允《たかみつ》さん（41）ら兜小学校の卒業生23人が「穴水町甲復興団」を結成した。

孝允さんは正月、帰省していて地震にあい、体育館で2泊した。「学校食堂」の母たちや消防団が避難生活をささえていた。

避難所が3月10日に解散すると、住民は自宅や仮設住宅にこもってしまう。高齢者のおしゃべりの場だった2軒の商店はとじたままだ。

甲復興団の加田和江さん（左）と鵜飼麻衣さん

住民がつどう場をつくろうと、孝允さんは小学校出身者のＬＩＮＥグループをつくってよびかけた。グループには30〜50代の23人が参加し、甲公民館で月２回、１００円でおやつとコーヒーをだす「カフェ」をひらいている。毎回約１００人が利用している。

金沢にすむ加田和江さん（42）も正月に実家で被災した。母は「学校食堂」のメンバーだ。母たちの活躍をみて、「自分たちもなにかせんならん」と復興団に参加した。

「ここにくると、小学校の友だちにあえるし、なつかしいおっちゃんやおばちゃんにもあえる。同窓会みたいです」

甲区長の熊野信一さん（74）は若者たちに感謝する。

「避難所では学校食堂の母さんたちがお世話してくれて、今は若い人たちがみんながあつまるように工夫してくれている。地震のときは心がすさんでいたが、若い人のおかげで少しずつ明るくなってきました」

盆灯ふたたび

一方、曽良地区は50世帯のうち5軒しか跡取りがいない。「盆灯」の拠点だった千手院は管理する人もなく荒れはて、檀家もいなくなっていた。

穴水町でガソリンスタンドを経営する森本敬一さん(54)は地震前の2023年秋、能登半島の弘法大師ゆかりの寺をむすぶ観光プランをつくるため七尾市の寺院のイベントに参加した。

「けいちゃんじゃない?」

受付をしていた女性に声をかけられた。小学校の同級生の北原密蓮さんだった。真言宗の僧侶になっていた。

地震後、その北原さんが千手院の住職に就任することになった。

千手院は、海のむこうに立山連峰をのぞむ景勝地にある。

「うちが管理するから活用させてくれん?」

森本さんがたのむと北原さんは快諾した。

森本さんと母、ガソリンスタンドの社員の計5人が千手院の檀家になった。

地震で多くの人が亡くなりふつうの観光は考えられない。祈りや写経を体験し、ボランティアをして地元料理をあじわう「復興ツーリズム」の拠点にしたいという。

ボランティアの助けをかりて寺を掃除していると、カップ酒の瓶やろうそくがどっさりでてきた。「盆灯」でつかっていたものだった。8月14日、千手院をろうそくでいろどり、スカイランタンを空中にう

雨もりがして荒れはてた千手院を掃除するボランティア

かべる「復興の灯」をもよおした。

10数年前に新出良一さんが曽良の人々の心に火をともしたように、森本さんや北原さんらヨソモノがはいることで、曽良にふたたび希望の火がともるのかもしれない。

千手院の庫裏には新出さんが「縄文未来研究会」という標札をかかげていました。新出さんのおこした縄文の風が、曽良に一時期活気をもたらしました。

20キロ北東の真脇遺跡（能登町）には縄文期に4000年間ムラがつづきました。キリストが生まれてから現代までの2倍！ まさに「永遠の村」です。曽良をはじめ能登のムラは過疎と災害にくるしんでいるけれど、長い目でみれば死なない……。真脇遺跡をたずねるたびにそう思います。

取材年　2024年

場所　輪島市町野町・曽々木海岸

避難所の菩薩に「能登はやさしや」を実感　藤平朝雄さん

藤平朝雄さん（84）は、能登の民俗や信仰、歴史を半世紀にわたって研究してきた。今回の地震から新たになにがみえたのか、地震は能登になにをもたらすのか……うかがいたくて、曽々木海岸（輪島市町野町）のお宅を訪問した。

窓岩の窓が消えた

藤平さんは、妻の友子さんと息子一家の5人で元日をむかえた。

毎年正月には、窓岩の目の前の海でとれたイワノリの雑煮を食べる。すまし汁の白い餅に、磯の香りがこうばしいノリをたっぷりまぶす。

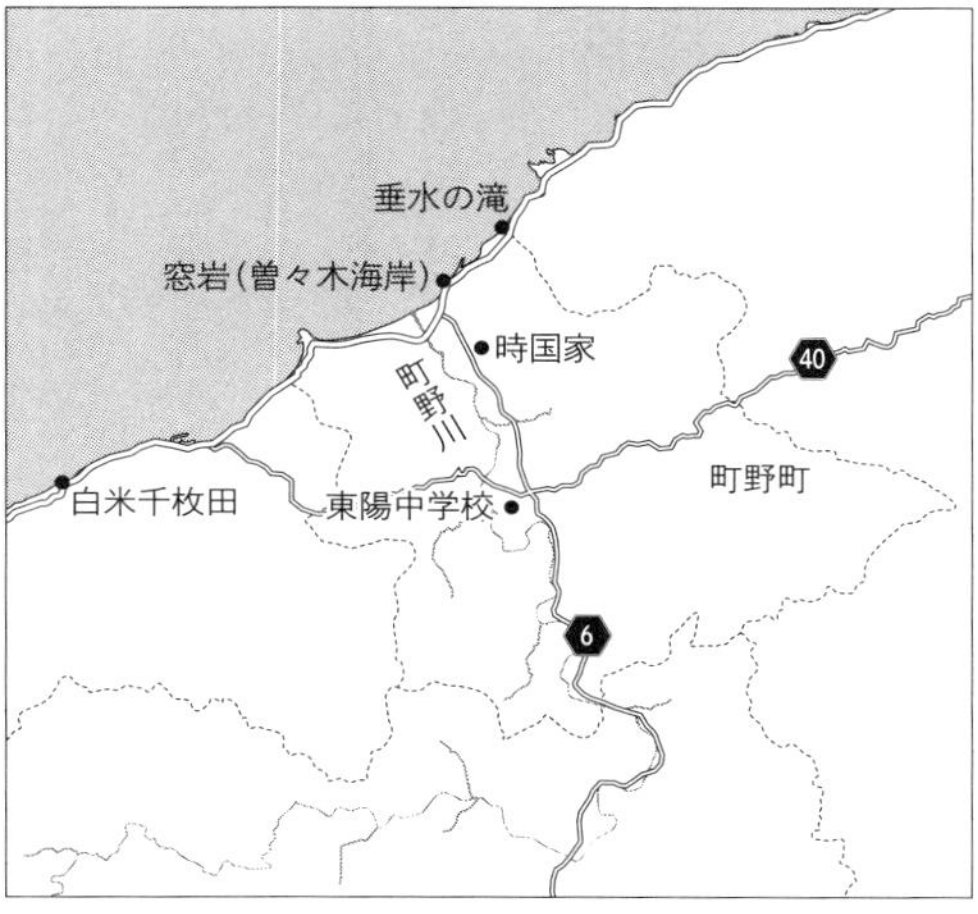

地震前の冬の窓岩

午後2時ごろ、年賀状をかいていて眠気をおぼえ、外にでた。窓岩が日の光をあびてこうこうとかがやいている。23年は友子さんの病気などがあって大変だった。

「今年こそはよい年になりますように」

「母ちゃんの体がよくなりますように」

窓岩にむかって柏手を打った。55年間この地にすんでいるが、窓岩に手をあわせるのははじめてだった。

2時間後、はげしい揺れが10分ちかくつづいた。築60年の家は倒壊はまぬがれたが、戸もガラスも落ちて、食器棚もたんすもすべてがたおれた。

「津波がきます。至急避難を」

かまびすしく放送がながれる。家の外にでたら、窓岩の「窓」がない。夢かと思って頬をつねった。

車で4キロ内陸に避難し、5人で車中泊をした。車いすの友子さんはトイレが大変だ。息子たちがかついで介助し、残雪で手を洗った。空一面に星がチカチカまたたいていた。

地震後の窓岩と藤平さん

深夜、津波警報は「注意報」になった。翌朝自宅にもどったが、玄関は足の踏み場もない。藤平さん夫妻は町野の中心にある東陽中学校の体育館に避難した。そこに13日まで滞在することになった。

避難所をささえた、粘り強くやさしい人々

体育館には約200人が避難していた。体操用マット1枚に2人で横になる。電気も水もない。仮設トイレはドロドロによごれ、食事は、バナナやおにぎり半分という日もあった。

避難所では、重傷だったひとりが亡くなり、17人の遺体が安置されていた教室にはこばれていった。

そんな状況でも、人々はストーブのまわりにあつまり、それぞれの体験をおだやかにかたりあった。そして避難者自身がボランティアとしてはたらいた。

99歳のおばあさんは、70代の息子が避難所のお世話係をしているから、自分のことは自分でこなしていた。お

３月の避難所の体育館。藤平さんがいたころは仕切りなどはなかった

だやかな笑みをうかべ、食事の順番も「どうぞ」と若い人にゆずる。「避難所の菩薩様だ」と藤平さんは思った。

60歳の女性は2年前に夫をなくして義理の両親を介護していた。避難所でもお年寄りの世話をして、率先してトイレを掃除していた。

70代の男性は、体育館中のストーブに順番に給油し、火加減を調整してまわった。

自衛隊のヘリが荷物をおろすと、だれかがとりにいく。「手伝います」と藤平さんも手をあげたが、「足下もおぼつかないあなたがいったら迷惑になる」と友子さんにとめられた。

ある人は「体をうごかしましょう」と体操を指導する。自宅が全壊した歯科医師は「こういうときこそ歯が大事。ちゃんとうがいをしましょう」とよびかける。栗倉医院の大石賢斉医師は自宅が全壊したのに、学校の一室に診療所をもうけて診察しつづけた。

だれひとりとして大声をあげない。自分のできる仕事をこなし、淡々とおだやかにすごしていた。

藤平さんの脳裏に「能登はやさしや土までも」という言葉がうかんだ。昭和30年代にひろまったフレーズだが、藤平さんが由来をしらべると1696（元禄9）年の旅日記にすでにしるされていた。地元住民さえも古い諺とは知らなかったものが、観光ブームとともに復活したのだ。

「能登には粘り強くてやさしい人たちがすんでいる。過疎で大変だというけれど人間にとって一番大事なものをもちつづけていた。避難所の極限状況で能登のやさしさにふれて、55年よいところにすんでたんだなぁって実感しました」

最悪の災害のなかに一条の光がさしてきたと、藤平さんは思った。

あばれ祭りの宇出津へ

避難所からは30人ほどが加賀の温泉などに2次避難したが、車いすの友子さんには無理だった。

「電気がつくまでうちにおいで」

能登町の宇出津《うしつ》にいる長女が声をかけてくれた。宇出津は断水状態だが電気はつかえた。1月下旬まで2週間すごした。

宇出津も多くの家が倒壊している。

町を散歩すると「今年の祭りはだめだろうな」という悲しげな声がきこえる。能登最大のキリコ祭り「あばれ祭り」のことだ。神輿がでる白山神社は石灯籠も鳥居も倒壊していた。たおれた鳥居から山上の社殿を見あげ、藤平さんがパンパンと柏手をたたくと、宮司が深々と頭をさげた。

だが2週間すごすうちに「祭りをできるかもしれんぞ」という声もチラホラきかれはじめた。

「この町はなんていう町だ！」

藤平さんはおどろいた。多くの家がたおれ、断水がつづいているのに祭りに思いを馳せている。「あばれ祭り」は人々の体の一部、あるいは宇出津という町の魂のような存在なのだ（7月、「あばれ祭り」は一部の町会をのぞく約30基のキリコが参加して開催された）。

病院のベッドで冊子出版を決意

1月下旬、曽々木の自宅に電気がもどり、帰宅した。

藤平さんの地区は、約30戸が地元の水源をつかう簡易水道だ。電気が回復してポンプがうごき、2月1日から水をつかえるようになった。

ところが2月末、ひどい倦怠感におそわれ、輪島病院に3月16日まで入院することになった。

病院もトイレはつかえない。ベッドわきにポータブルトイレをおいていた。看護師たちも被災者なのに、とことんめんどうをみてくれた。

万葉集を編纂した大伴家持の能登の旅について2023年に中日新聞に連載したが、冊子にまとめる作業は地震で中断していた。

病院のベッドで天井をみつめているとき、天から声がきこえた。

「お前がやらんでだれがやる！　今やらなくていつやる！」

こういう時だからこそ万葉の風を能登の大地にとどけよう。そう決意して4月に「能登路万葉八景家持巡見うたの旅」（A４判14ページ）を完成させた。

やさしさが再生のキーワード

避難所でも病院でも、粘り強さをあわせもつ能登の「やさしさ」を痛感した。それこそが能登再生のキーワードだと藤平さんはかんじている。

「高度経済成長をへてうすれたとはいっても『能登はやさしや』の遺伝子はのこっていた。大変な状況だけど、能登の明日はあると思う。国破れて山河あり。されど永遠、と思いたいですね」

第5章

里山里海の可能性

　里山里海がはぐくんできた生活の知恵や「祈り」のある暮らしは、都会からの移住者たちからみると「宝物」そのものだ。それらを未来につなぎ、生かすにはどうしたらよいのだろう。

取材年 2013年、2024年

場所 能登町・斉和

先生がつくった小さな里山「ケロンの小さな村」

「里山」は手つかずの大自然ではない。人の手をくわえることでつくられた環境だ。元高校教諭がひらいた「ケロンの小さな村」は、そんな里山の可能性を夢みさせてくれる。

夫婦で開拓、石窯も食堂も手作り

珠洲道路から200メートルほどわけいった谷間の棚田は放棄されて30年をへていた。背丈をこえるカヤや蔓草がおいしげり、コンコンとわきでる冷たい水で足下はぬかるんでいる。

2007年、高校教諭をやめて農地をさがしていた上乗秀雄さん(69)は、役場職員につれられてきた。

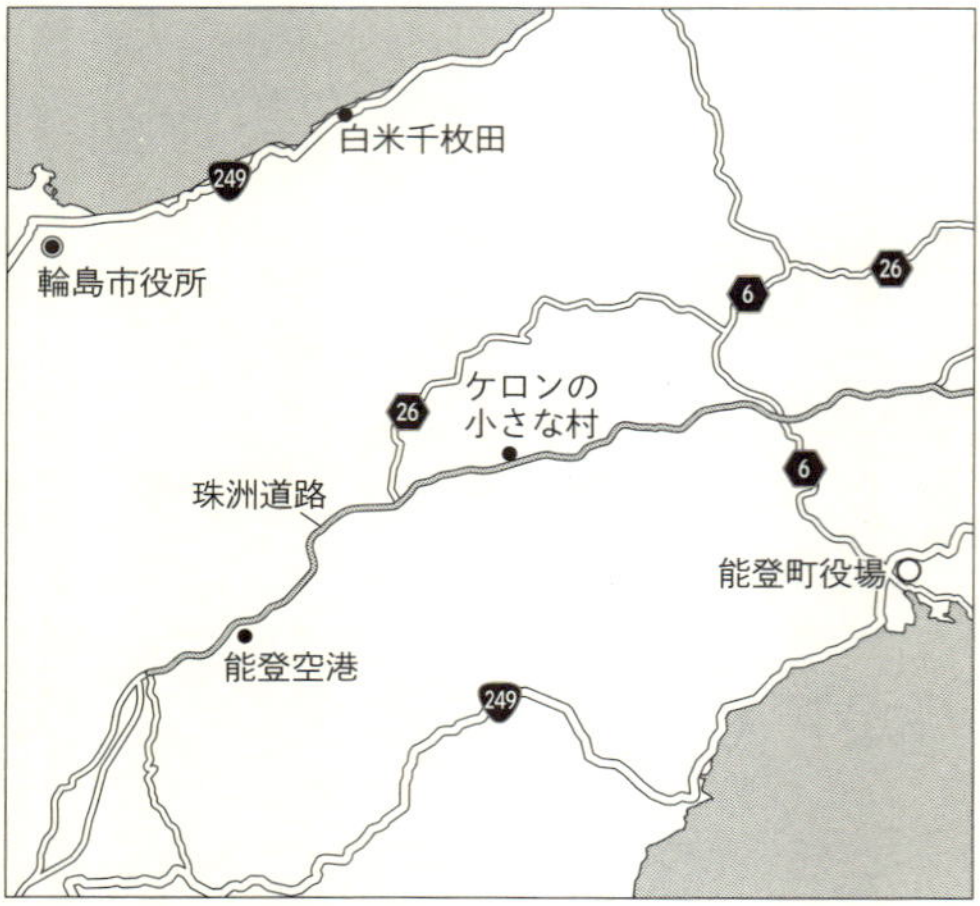

ケロンのシンボル、カエルの像

「ここしかない！」

直感して土地購入をきめた。

中古のパワーショベルを70万円で入手し、妻の純子さんと2人で開拓をはじめた。パラソルをたて、3本の木をくみあわせたかまどで湯をわかす。近所の人から「新興宗教ではないか」と、あやしまれたこともあった。

湿地の水をぬく排水溝を掘っていると大量の水がわきだした。保健所で検査すると飲料水の水質基準を満たしている。

「水があるなら、活性化に役だつことをせい！」

石川県教育委員会時代の上司、山岸勇副知事に助言された。

県の補助金で耐火レンガを購入し、パンやピザを焼ける巨大な石窯を手作りした。窯のとなりには食堂の小屋をたてた。これも骨組み以外は手作業だった。

08年3月、「ケロンの小さな村」を開村した。ケロンは漫画「ケロロ軍曹」にでてくるカエルの姿をした宇宙人だ。

あぜにはラッパを吹くカエルの人形がたち、木の上にはツ

2013年の上乗さん。後方はツリーハウス

リーハウスがそびえる。復元した1反（10アール）の田のあぜの幅は、子どもが遊べるよう通常の倍の1・5メートルにした。

川の周囲の草を刈り、水辺におりやすくした。茨がおいしげっていた斜面にはブルーベリーやシバザクラを、水辺にはクレソンを植えた。

13年4月には発電できる水車をたてた。

「素人がやってるのに、わしらが田を荒らしておくわけにいかんやろ」

近所の住民は、珠洲道路沿いの休耕田を青々とした田にもどした。上乗さんはそれがなによりうれしい。

里山遊びに子どもワクワク

1000坪の里山は、子どもの遊び場にぴったりだ。

町内にすむ西谷内祐子さん（45）の自宅周辺は、用水路や川がコンクリートでおおわれ、遊具のある小学校は3キロはなれている。小学3年生の息子は病弱でめったに外で遊ばなかった。

ところがケロンにつれてくると、川でカニやヒルをとらえ、ブルーベリーをほおばり、泥だらけになって一日中かけまわる。

「うちの子がこんなに遊べるとは思わなかった。はじめは服をよごすことに抵抗があり、指を切るだけで私が大騒ぎしてたけど、今では服をよごさないことより大事なことがあると気づきました」

開村から5年、里山の経済効果もみえてきた。

ケロン村には12年、冬場をのぞく8カ月間で1200人がおとずれた。1反（10アール）の田で収穫した米の粉でピザやパンを焼き、計300万円の収益があがった。地域の人のつくるケーキや干し柿、パッチワークも委託販売する。

国のすすめる農業の大規模化は能登にはそぐわないと上乗さんはかんじている。能登のような中山間地で大規模化をめざすと、耕作をあきらめる人が増えてしまうからだ。

「小規模でも、加工や販売、観光などで工夫すれば食べていける可能性をしめせた。一人ひとりが知恵をしぼって里山を復元すれば、能登はすばらしい土地になると実感しています」

「ケロンを継ぐ！」24歳孫がIターン

上乗秀雄さん（79）は2024年元日を能登町宇出津の自宅でむかえた。おとそをのんで年賀状をながめているとき、地震がおそった。幸い自宅は無事だった。

土台がくずれてかたむいた水車小屋

翌日、田んぼの道をたどってケロンにきてみた。女神像は台座から落ち、水車小屋は土台がくずれている。米粉のパンやピザを焼いてきた石窯「ヘラクレス」は崩壊した。森のツリーハウスは無事だが、石垣や斜面がくずれ、倒木で道はふさがれていた。

私が3月13日にたずねると、上乗さんは電気オーブンでスコーンやパンを焼いていた。

「開村するときにつくった石窯がくずれて、石窯パンを焼けないのがいたい。電気オーブンで焼けるか試行錯誤しています。石窯再建には1年はかかるかなぁ」

そう言って米粉のアンパンをごちそうしてくれた。しっとりした生地とやさしい甘みは11年前とかわらぬおいしさだ。

上乗さんはまもなく80歳になる。

「しんどくなったら閉村すればいい」と思っていたが、東京ではたらく孫の古矢拓夢さん（24）が23年

まんなかが上乗さんと拓夢さん、左が上乗さんの娘で拓夢さんの母の泰子さん、右が上乗さんの妻の純子さん

夏、「ケロンをやりたい」と手をあげた。12月に退職して金沢の家にもどってきた。拓夢さんは子どものころ、金沢の自宅からしばしばケロンに遊びにきていたのだ。ケロンが休みの冬のあいだに、重機の免許や食品衛生責任者の資格をとるつもりだった。そんな矢先の地震だった。

「本当にやるんか?」

「やる!」

上乗さんは閉村するつもりだったが、拓夢さんの決意をきいて覚悟をきめた。

「私らは年金があるさけいいけど、若い人はそうはいかん。ついでもらうとなると、責任もプレッシャーもかんじる。もういっぺん、がんばらんならん。でも、正直言ってうれしいねぇ」

「先生の里山」から「生業の里山」へ

2人でユンボや削岩機を駆使し、崩壊した野外テ

ケロンカーと拓夢さん

ラスを解体・新調する。埋まってしまった水路を復旧する。

「ただひきつぐのではなく、重機でいっしょに作業しているから、じいちゃんがどれだけすごいことをしてきたか、体で理解できました」と拓夢さん。

上乗さんのケロンは、利益は二の次で、子どもに遊んでもらう「先生の里山」だった。だが若者が生きていくには「生業」としてなりたたなければならない。

珠洲道路沿いには「ケロンの小さな村」の旗にくわえ、「米粉パン」「焼きたてピザ」というのぼりをたてた。パンの種類を増やし、各地で出張販売もはじめた。軽トラックを改造し、子どもたちに絵をえがいてもらった出張販売用の「ケロンカー」を導入した。

23年までは8割がリピーターの家族づれだったが、24年は地震で家族づれが減ったかわりに大人の客が8割を占め、売り上げも観光客がいないのに前年を上まわった。

夜はキャンプ場として活用することも考えている。

「カエルの合唱がきこえて、ホタルが舞って、プラネタリウムのような星空で、実は夜が最高なんです。大人がお酒をのんで楽しめるようにしたい。自分がやらないとだれもやってくれないからストレスはあるけど、ひりつくように楽しい毎日です」

地震で能登をはなれた高齢者も多いが、逆に地震後ものこっている人たちは、本当に能登がすきな人たちだ。そのパワーがあれば、被災をのりこえ、生業を復活・発展できる……拓夢さんはそう確信しているようだ。

ユンボをあやつり、小川を整備し、小屋をたて……そんな土木技術に「先生」の経験をくわえて、上乗さんは子どもが楽しむ里山を創造しました。
孫の拓夢さんは、じいちゃんの「生きる力」をうけつぎ、大人も楽しめて、経済的に自立できる里山をめざしています。
おとぎ話の世界のようなケロンの風景は、未来の能登の希望を先取りしているように思えます。

青年海外協力隊OBが続々「生活の知恵は宝物」

過疎と高齢化がすすむ能登半島に移住してくる青年海外協力隊の元隊員がいる。海外経験をもつ若者にとって、能登のなにが魅力なのだろうか。

おじいちゃん、おばあちゃんが魅力

東京出身の中谷なほさん（34）は2006年から09年まで、アフリカのジンバブエとウガンダの職業訓練校で料理を指導した。

お菓子をつくると「ちょうだい！」と人々がむらがってくる。物乞いのようで最初はうんざりしたが、現地の人もクッキーが手にはいると当然のようにわけてくれた。孤児をひきとってそだてる家も多かった。

すべてをわかちあい、たすけあう文化が次第に心地よくなった。

帰国後、田舎暮らしにあこがれて移住先をさがしていたとき、金沢大学の「能登里山マイスター養成プログラム」説明会に参加し、10年に珠洲市に移住してきた。

プログラムの研究テーマは、食べ物店を経営して能登で生活する基盤づくり。得意は西洋料理だが珠洲では需要がない。ビスコッティやサブレなどの菓子をつくり、各種のイベントや「道の駅」で販売している。「小さなおうち」という食堂もひらいた。

フェアトレード（公正貿易）のココアや有機栽培のレーズン、能登産のコメとゴマなどの材料にこだわるから、米粉のサブレは2枚で250円だ。

能登は農漁業が中心だから、農産物の「安さ」ばかりもとめる危うさと、「南」の国の農民の苦しみは理解されやすいはずだと思ったが、「フェアトレード」という言葉さえつうじない。売り上げは月10万円前後で手元には1円ものこらない。

ビスコッティをつくる中谷なほさん

それでも、山菜を保存し、魚を釣り、家も自分で修理してしまう人々の力強さに未来につながる可能性をかんじる。

「東京生まれの私には能登は外国みたい。おじいちゃんおばあちゃんのもつ生活の知恵には宝物がいっぱい埋もれている気がします」

日本国内にも「南北問題」

宝達志水町の松井久美さん（31）は大学卒

業後、実家の農業を手伝っていたが、日々の暮らしに閉塞感をおぼえた。青年海外協力隊に応募し、中米ニカラグアの農村で２００４年から07年まで「村落開発普及員」をつとめた。

担当した村は働きざかりの世代がアメリカなどに出稼ぎにでて老人と子どもがめだつ。

ムラの女性たちは「私たちには能力がない。日本からお金をもってきて」と援助に依存しきっていた。

松井久美さん

まず自力でかせぐ経験をしてもらおうと、観光客むけの絵はがきづくりを提案した。手を上げたのは若い女性１人だけ。でも、その女性が絵はがきを売って80円かせぐと、参加者は一気に増えた。

ニワトリの感染症をふせぐワクチンの普及もてがけた。ワクチンは１羽あたり８円かかる。８円あればパンや菓子を買えるから貧しい農民は二の足をふんでいた。

「ニワトリが一度に死んでしまうことを考えたら安いものだよ」

１軒１軒説得してまわった。

帰国後も「地域」に貢献したいと思い、「能登里山マイスター養成プログラム」を受講した。

協力隊に参加する前は「能登の将来はさびれるだけ」と負のイメージしかなかったが、プログラムをつうじて、元気な地域おこし活動が各地にあることを知った。新鮮な魚や野菜が豊富で、「おすそわけ」などの助け合い文化が根づいていることにも気づいた。

元協力隊員のなかには、帰国後に田舎暮らしをはじめる人が少なくない。行動力のある元隊員が定住すれば、地域に元気をもたらすのではないかと考え「協力隊員の能登へのIターン促進」を研究テーマにえらんだ。

「里山里海アクティビティ」協働ディレクターの水口亜紀さんと協力して10年秋、協力隊のOB・OGに2泊3日で能登をみてもらう「能登ライフ体験ツアー」を企画した。

内灘町出身の水口さんも協力隊OGで、アフリカのセネガルとニジェールで計4年間、教育支援などにたずさわった。

途上国の問題と日本との関係がみえてくるとともに、日本国内にも、食料やエネルギーを供給する田舎が正当に評価されない「南北問題」があることに気づいた。「産地」の側の地位向上にかかわるため、「アクティビティ」のスタッフに応募して10年に珠洲に移住した。

「外からの若者が里山里海の知恵や技術をまなび、いろいろなことに挑戦すれば、能登にはさまざまな可能性がひらけるのではないでしょうか」

文明生活をすてた中谷なほさん

技能実習生をささえる

2024年7月、10年ぶりに中谷なほさん（46）に再会した。1週間前から国際協力機構（JICA）の国際協力推進員として能登町役場で勤務しているという。

お菓子づくりやドキュメンタリー映画上映会などをとおして能登と第3世界のつながりを考えてきたが、5年前、自分のやっていることがうすっぺらに思えて「小さなおうち」をとじた。「肉体労働しかない！」と、牧場や漁業の手伝いをはじめた。

元日は能登町の温泉にいた。最初の揺れは「またか」と気にせず、湯船につかっていたら、激震がおそった。脱衣所にでると従業員がさけんだ。

「ボイラー室のガスが危険だからすぐ逃げてください」

あわてて服を着て、小学校の体育館に避難した。2日後、自宅に近い珠洲市の集会所にうつった。体の不自由なお年寄りもおにぎりづくりなどを分担し、だれもが役割をになっているのが印象的だった。

再会した中谷さん

中谷さんはベトナム人やラオス人、インドネシア人の技能実習生に日本語をおしえていた。彼らの状況が気になった。

アフリカでは中谷さんが日本人とわかると「中国人かと思った」と急に親切になることがあったが、能登の人たちも、外国語指導助手（ＡＬＴ）の欧米人とは親しくするが、実習生とはほとんど交流がなかった。避難所で差別されないか心配で中谷さんは実習生の様子をみにいった。

インドネシアからの男性実習生たちは避難所になじめず会社の寮にもどり、食料や水などの物資をうけとれていなかった。中谷さんは彼らとともに軽トラックで避難所にいき、「車がないし、言葉が不自由なのでまとめて物資をください」とたのんだ。

「ベトナムの女の子は笑顔で住民とまじわれたけど、男の子はモジモジしてコミュニケーションをとれていなかった。技能実習生について何度か報道されたのは理解してもらうためにたすかりました」

お金と関係ない経済が魅力

中谷さんは5年前の春、電気も水道もガスもない家で暮らしはじめた。すべてをゼロにして、本当に必要なものをたしかめたかったからだ。

山の水をポリタンクでくんできてバケツで行水する。スマホは自動車で充電する。当然エアコンはない。煮炊きは灯油コンロ。勤務先の牧場で氷をつめたアイスボックスが冷蔵庫がわりだ。ただ、夏になって水浴びをしたくて水道は導入した。

そんな生活をしてきたから、避難生活がつらいとは思わなかった。

「アフリカにくらべたら快適なものですよ」と笑う。

中谷さんからみた能登の魅力は「自然とともに暮らす知恵」と「お金と関係ない経済」だ。「贈りもの」をもらうとうれしいから「私も人になにかあげたい」。そんな思いがつながってモノがぐるぐるまわる。ゴマを栽培し、何時間もかけて手でゴミをとったものを1袋300円で売るおばあちゃんもいる。時給に換算したら100円にもならない。

「なんの計算もしていない。現代の日本とは思えない。ほんとうに謎で魅力的なんです」

だが、そんな魅力あふれるお年寄りはどんどん減っている。同年代の知人からは「クーラーがなくて大丈夫?」と心配される。

「不便な時代を知っているお年寄りが消えちゃったら、『山の水があれば大丈夫です』なんて言うのは移住者だけになっちゃうんでしょうね」

取材年　2015年
場所　輪島市三井町

里山暮らしは祈りとともに Iターン建築家一家の「まるやま組」

東京の建築家一家が、能登の山里に移住して10年。伝統的な知恵と動植物の調査をむすびつけ、現代の里山生活のあり方を模索してきた。それは意外にも「祈りのある暮らし」だった。

自然によりそう合理的な知恵

輪島市中心部から車で30分、かつて本州最後のトキがすんでいた三井町市ノ坂という山間の集落のはずれに萩野紀一郎さん（50）と由紀さん（48）と3人の子はすんでいる。冬は1メートル超の雪がつもり、除雪がおくれるとかんじきをはいて1キロはなれた県道まで歩かなけ

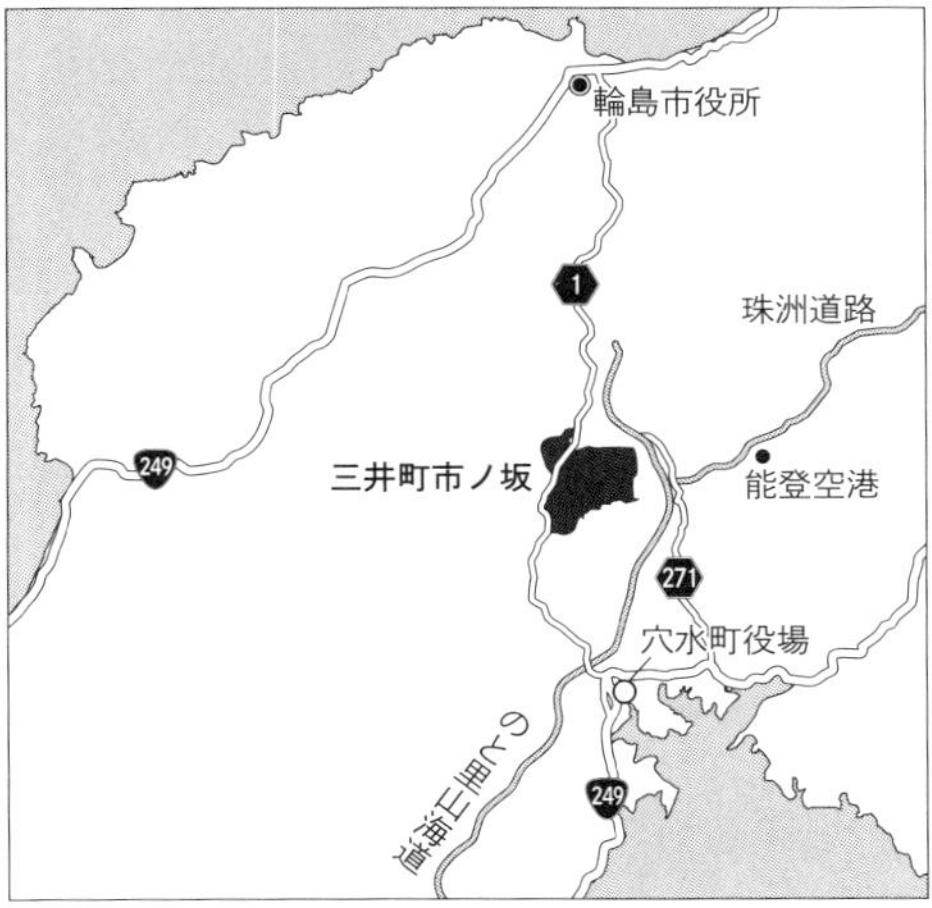

萩野さん夫妻。里山風景をみおろす自宅は冬でも明るい

ればならない。

萩野さん夫妻は東京生まれ。米国でも長くくらした。由紀さんが紙すきをならうため、２０００年から夏休みに三井町に滞在するようになった。紀一郎さんは、広々とした田舎で建築の仕事をしながら子どもをそだてたいと考え、04年に移住を決意した。

一方、由紀さんは気乗りしなかった。日本語が不自由な長男には帰国子女がいる都会の学校がいいのではないか。現実の田舎は生活が大変なのでは……。

古民家に転居すると悪い予感があたった。冬、雪囲いをした家は暗く重苦しい。腐った床がぬけ、紀一郎さんは玄関でマムシにかまれた。祭りの日、男はごちそうをかこむのに、女は台所にたちつづける。自由なアメリカでは考えられなかった。

移住から5年後の09年、山をきりひらいた５００坪の土地に新居が完成した。大きなガラス窓の家は冬も明るい。リビングからは季節ごとに装いをかえる里山をみわたせる。

ある年の早春、おばあさんが小枝の束をかかえて家の前をとおった。なににつかうの？　由紀さんがたずねると、リョウブの枝だった。春になるとエンドウ豆が一気にのびる。芽吹く直前のリョウブはその支柱に最適という。それからというもの、目の前をとおる村人を質問攻めにした。

正月飾りはマツやサカキ、ユズリハを雪におおわれる直前にとる。小豆は湿気が多く殻がやぶれにくい早朝に刈りとり、午後までかわかして実をとりだす。

天気をよんで作業をくみたてる合理的な知恵におどろかされた。男尊女卑にみえた風習も、自然のなかでくらすための役割分担と思えるようになった。

里山の美しさは人の手によってたもたれている。「畑作りや山仕事をしなければ、里山にくらす意味がないのでは」と、畑もはじめた。

住民の動きをみながら作業をすると一歩おくれる。来年のカレンダーに作業日程をかきこんで1年後にそなえた。集落のおばあちゃんは「タニウツギが咲いたら田植え」などと自然に体がうごく。身体化された知恵のすごみを実感した。

命の循環から祈りへ

研究者らとともに月1回、周辺の植物や昆虫のモニタリング調査もしている。これまでに400種の動植物が確認できた。おなじ花をみて、研究者は植物の特徴をかたり、料理好きの女性は「食べられる

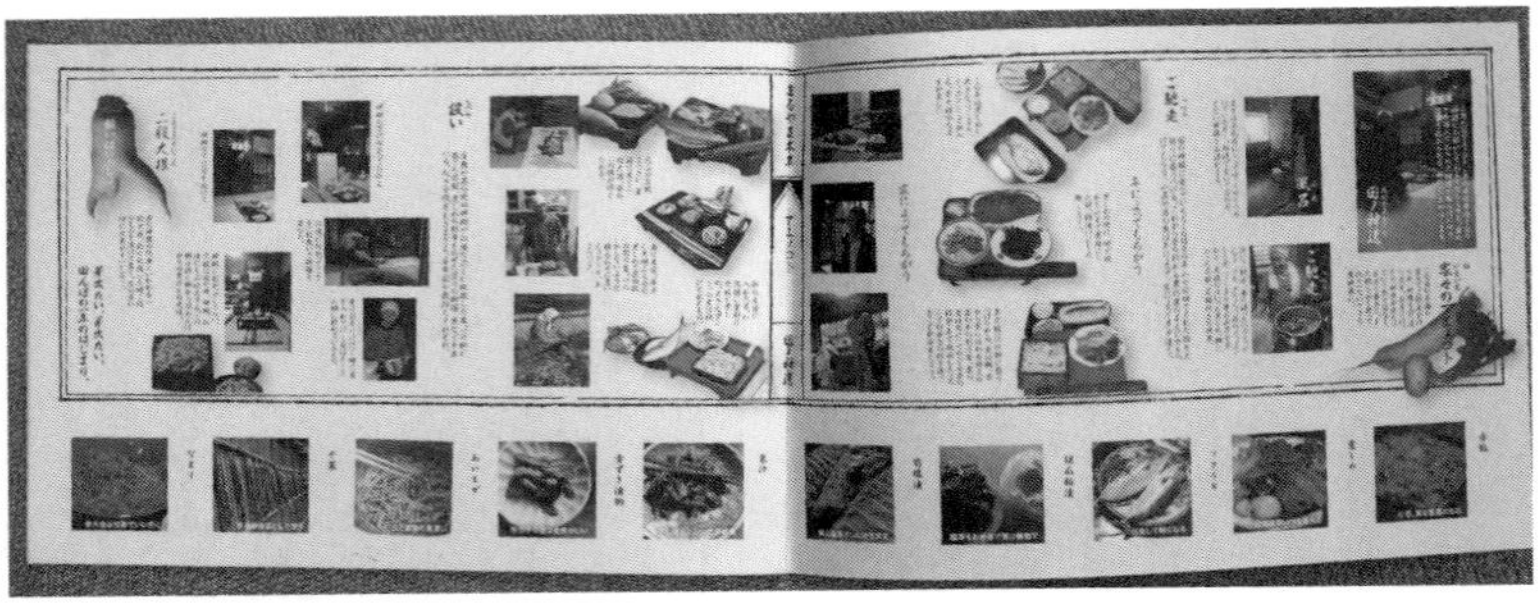

花の開花日や、農作業や祭礼の日程をくみあわせた暦「まるやま本草」

の?」と問う。デザインの仕事をする由紀さんは彩りに興味をおぼえる。

定例の調査は、さまざまな職種の人が、植物採集や保存食づくり、農作業まで楽しむ場になった。グループ名は、集落のはずれの円山という山にちなんで「まるやま組」と名づけた。

里山の命の循環にふれるなかで、田の神様を自宅でもてなす「田の神様祭り（あえのこと）」にも興味をもった。萩野さんの集落でも米農家はすべて田の神様をまつっている。

「まるやま組」でも10年から独自の「アエノコト」をはじめた。参加者全員で田から神様をむかえ、畑の野菜で準備した手作り料理をそなえる。床の間の掛け軸のかわりに植物や昆虫の標本をかざる。

「宗教には縁遠かったけど、畑の野菜や、400種もの生物が神様の生まれかわりのように思えて、祈りが大切だと思うようになりました」

集団避難のムラに「百姓」はのこった

輪島市の南志見《なじみ》地区は能登半島地震で孤立し、住民700人が「全村避難」した。だが3世帯6人だけ、水道も電気もなく、商店も郵便局も消えた地区にのこった。なぜ無人の里にのこったのか？　かつて輪島商工会議所会頭をつとめた大向《おおむかい》稔さん（80）を5月にたずねた。

夫婦出稼ぎのムラに工場を

大向さんは御陣乗太鼓の白山神社から東へ約1キロ、南志見地区の中心の里《さと》という集落にすんでいる。

父の貢さん（1918〜2002）は戦時中、南満州鉄道（満鉄）につとめ、戦後の1948年に「大向高洲堂」を創業し、輪島塗を代表する企業にそだてた。74年

分工場跡の自宅わきで野菜をつくる大向さん夫妻＝2024年5月

から86年までは市長をつとめた。

当時は、多くの人が冬は出稼ぎにでていた。とくに南志見は夫婦で出稼ぎをして、祖父母が孫のめんどうをみる家が多かった。貢さんは市長選に立候補する際、当時絶好調だった漆器業界が農民を雇用することなどをもりこんだ「農工一体化政策」をかかげた。

みずから実践するため、夫婦の出稼ぎが多い南志見に分工場をつくった。３００坪の敷地全体を厚さ50センチの鉄筋コンクリートの基礎でかため、鉄骨木造の頑丈な工場をたてた。夫婦18組36人をやとった。

会社が倒産、念願の「百姓」に

大向さんは父から会社をひきつぎ、２００1年から3年間、輪島商工会議所会頭もつとめたが、「50歳になったら百姓に」と考え、輪島市街で畑をつくっていた。

だが90年代にバブル経済が崩壊し、やめるにやめられないまま、2011年に大向高洲堂は倒産した。

会社の清算を終え、倉庫にしていた南志見分工場跡の建物に移住し、念願の百姓になった。

2反（20アール）の田で大根や小豆、ニンニクなどをそだて、家のわきの畑で葉物野菜をつくる。玉ねぎは毎年2000個以上とれるが、販売せず、知人や友人にくばってしまう。毎年冬には本格的なキムチを漬ける。23年には友人たち30人でキムチづくりを楽しんだ。

「もうける農業ではなく『百姓』をしたい。大工仕事も野菜づくりも漬物も……百の仕事ができる人間が百姓なんです。百姓は楽しいですよぉ」

東京で成功した経営者や銀行幹部の友人から「大向さんみたいな生き方がうらやましい」といわれる。

「ひょっとしたら、もうおそすぎるかもしれないけど、百姓が再評価される時代なのではないか……」

そんなことを考えながら2024年正月をむかえた。

ライフラインがとだえ無人になっても、百姓は生きる

元日の地震で、海岸沿いの国道249号も内陸にむかう道も土砂崩れで寸断され、南志見は孤立した。御陣乗太鼓の白山神社の山が崩落し、ふもとの民家を直撃した。

約500人が間仕切りのない体育館や旧小学校校舎で寒い夜をすごし、先のみえない日々につかれはてていた。現地をおとずれた県議会議員のよびかけで南志見地区の約700人はいっせいに避難するこ

白山神社の下には御陣乗太鼓の舞台と民家があった
＝2011年

地震で山がくずれ、舞台や民家をのみこんだ＝2024年4月

とになった。

大向さんは元日、家族や友人10人ほどで宴会を楽しんでいた。地震で家のなかはめちゃくちゃになったが、鉄骨木造建築の家は窓ガラスひとつわれなかった。

畑には白菜やキャベツ、大根、人参がそだっている。トイレの水は、目の前の南志見川で、ひもをつけたバケツでくみあげる。キムチを漬ける100リットルの桶7つに雨水をため、台所でつかう。飲料水は山の水をくんでくる。

明かりはろうそくやランプがある。大きなろうそくの上に銀紙をつけると、光が分散して読書にも不自由しない。携帯電話は国道を1・5キロほど輪島方面にいくとつながった。

1月8日、南志見地区の区長らが家にきて、2日後に集団で避難するとつげた。

「市役所の支所も公民館もいっさいなくなります。支援物資もこなくなるし、情報もとどかなくなります」

大向さんは住居が無事で、野菜も水も明かりもある。片付けの仕事が山ほどのこっている。避難が必要とは思えない。区長らにこたえた。

川からバケツで水をくむ＝2024年5月

「私は百姓をやっているので情報は必要としませんし、支援物資もあてにしていませんから大丈夫です」

「全村避難」によって無人になった里ですれちがうのは国交省か自衛隊か警察の車両だけになった。

畑をたがやし、本を読み、週1度、車で1時間かけて自衛隊の風呂にはいりにいく。

地震から2カ月後に電気は復旧した。4月12日には小学校跡に仮設住宅54戸が完成した。5月には輪島市街への国道が仮復旧した。だが5月末現在も断水したままだ。

「私は縄文時代に生きてると思って百姓をしているので、不自由はかんじません。黒澤明の『七人の侍』じゃないけど、最終的には百姓が強いんです」

「家が無事な人までがこぞって避難したとき、百姓魂がうすまってしまったんかなぁとも思いましたが、南志見はまだまだちゃんとした百姓がおります。5、6万円の年金だけでも前向きに生きていけますよ」

現代の百姓はぐくむシェアハウス構想

地震で過疎は加速するだろう。能登は復興できるのだろうか？

大向さんは「シェアハウス」による復興を提案する。

昔の農村の大家族では、福祉などの公的サービスがなくても、高齢者や障害者をささえ、子育てや教育もになっていた。ムラには人々の最低限の生活をささえる自治の力があった。

若い家族や老人、Iターンの若者らが、プライバシーを確保しながらともにくらすシェアハウスをつくる。現代版の大家族だ。そうしたシェアハウスが連携してコミュニティを形成して地域課題にとりくむ。

そこでは、大工仕事も野菜づくりも介護も子育ても共同の力でこなし、「百の仕事ができる人間」＝「新しい百姓」がそだっていく――。

御陣乗太鼓やキリコ祭りは、能登の人々の心をつなぎ、郷土愛をはぐくんできた。それが、現代版大家族であるシェアハウスづくりの基盤になりうると大向さんは考えている。

「震災によるマイナスをゼロにもどすのではなく、新しい社会構造を確立できる可能性もあると私は思っているんです」

真脇遺跡（能登町）に再現された竪穴式住居は、地震で柱がすこしかたむいただけでした。「屋根が軽く、ほぞ穴はユルユルで縄で固定しているから揺れを吸収したんでしょう」と真脇遺跡縄文館の高田秀樹館長。「縄文人は動物といっしょで、ゆれた時はびっくりしてもすぐ日常にもどったはず。火事や水害には弱いけど、地震は災害ではなかったんでしょう」

だから現代の縄文人の大向さんは強かったのか。でも縄文人がおそれた水害もおそった。川沿いの大向さん宅は無事だろうか。

あとがきにかえて――能登のセンス・オブ・ワンダー

新聞記者として輪島にすんでいたころ、冬は愛媛の知人から柑橘類をとりよせてご近所にくばった。果物や青い野菜がない能登の冬、南国直送の濃厚な甘みと酸味のある柑橘はトロピカルフルーツとしてよろこばれた。

そんな記憶があるから、被災地取材では和歌山の柑橘を車にどっさりつんでいった。かつて取材した人たちに、集落取材の記録をまとめた『能登の里人ものがたり』とともに手わたした。

2月にはまず穴水町曽良をたずねた。避難所になっていた旧兜小学校で「かぶらずし」の取材でお世話になった室木律子さんと再会した。「私たちのこと、忘れないでまたきてくれてうれしいよー」とよろこび、「能登を見捨てないでね、わすれんといてね」と何度もくりかえした。

半島北端の珠洲市・横山集落では、避難所になった集会所前で住民がたき火をかこんでいた。二三味義春さんは留守だったが、その夜、電話がかかってきた。「おれらは頭が鈍感なんか、みんな元気やわー。あの本、100冊もってきてくれんけー」

残念ながら出版社が廃業し、私の手元には10冊しかない。なんらかのかたちで再版しなければ……。二三味さんのひとことがこの本のきっかけになった。

初夏から秋にかけての能登は、イチゴやブルーベリー、イチジクなど果物が豊富だから、柑橘のかわりに酒とワインをおみやげにした。

輪島市などの街のスーパーは再開していても、山間や海沿いの集落の店舗は多くがとじたまま。日々の食料は車でまとめ買いしても、品ぞろえが少ないからちょっとしたぜいたく品が入手できない。ワインもそうだが、「おいしいパンは、のどから手がでるほどほしい」と何人かの女性に言われた。

海や山の集落をたずねると「よぉきてくれたねぇ」と歓迎してくれる。

5月になっても電気や水が復旧しない上大沢で会ったおばあさんは、避難先の金沢からかよっていた。

「わたい（私）らは80、90になるさけ、もういっときや。自由をしたいさけね。山いけば自由、海くれば自由！」

とろけるような笑顔をのこして、シニアカーで田んぼに去っていった。

「水平線をみてると気持ちがすーっとなる。仮設なんかにいると頭のなかがモヤモヤしちゃってね。やっぱ、海がええわぁ」

漁船を点検していた男性は海をながめて目を細めた。

ふと、レイチェル・カーソンの『センス・オブ・ワンダー』という本を思いだした。「センス・オブ・ワンダー」とは、神秘や不思議さにおどろき目をみはる幼児のような感性を意味する。

私は幼いころ、夜の別荘地を散歩して、真っ暗な森で道が行き止まりになると、「森の奥になにがあるの？　いってみようよ」と父の手をひいた。大人にとっては「行き止まり」だけど、子どもにとっては「別世界の入口」なのだ。毒々しく渦巻く台風の雲や増水で湖と化した河川敷は、旧約聖書のノアの方舟の世界がこの世にはみだしてきているように思えた。

「地球の美しさと神秘を感じとれる人は、科学者であろうとなかろうと、人生に飽きて疲れたり、孤独にさいなまれることはけっしてないでしょう。たとえ生活のなかで苦しみや心配ごとにであったとしても、かならずや、内面的な満足感と、生きていることへの新たなよろこびへ通ずる小道を見つけだすことができると信じます。

地球の美しさについて深く思いをめぐらせる人は、生命の終わりの瞬間まで、生き生きとした精神力をたもちつづけることができるでしょう」

この文章をかいたとき、レイチェルは末期がんで死を目前にしていた。

能登のムラであう人たちは、長期間にわたる避難生活を強いられているのに、不思議な明るさとやさしさをたたえていた。

能登のお年寄りは、山の奥や海のかなたに「別の世界＝神仏の世界」をかんじとり、祭りをとおして交流を深めてきた。「別の世界」は「あの世」と言いかえてもよいかもしれない。だから、ムラの人たちはみずからの死をも淡々とうけいれる。

「能登はやさしや土までも」の「やさしさ」とは、「逆境でも生きぬく粘り強さをともなうやさしさ」と藤平朝雄さんは評した。そのやさしさは「別の世界」との交歓によってはぐくまれた。能登のやさしさとはまさに「センス・オブ・ワンダー」なのだ。

地震から8カ月後、能登は豪雨災害にみまわれた。未曾有の「二重被災」は、「能登のやさしさ」だけではどうにもならない打撃をもたらしたのかもしれない。

能登の苦しみは、遠くない未来の東京や和歌山、四国の姿だ。だからこそ多くの人が能登をたずね、人々の苦しみにまなび、被災集落や弱者をみすてない「やさしくて粘り強い」社会をつくっていく必要がある。

いつか「日本はやさしや土までも」といわれる国になったとき、「そのきっかけは能登半島地震でした」と歴史にきざまれてほしい……。

そんなことを夢想しながら、ひとまずペンをおきたいと思う。

2024年10月27日

藤井　満

団結の集落をのみこんだ濁流

輪島市門前町深見は能登半島地震で孤立し大きな被害をうけた。だが、3キロ南の道下地区に仮設住宅ができると24軒が2次避難先からかえり、大規模半壊の人もふくめて「深見にすみつづける」と決意していた（89ページ）。そんな深見を9月21〜22日、豪雨がおそった。

水害から20日後にたずねると、道路に20数台の車がならび、ボランティアがせわしなく出入りしている。民家が軒をつらねる川の両岸をむすぶ橋は流失し、護岸はくずれた。

六田貞子さんの家は無事だったが、26軒のうち浸水をまぬがれたのは5、6軒。1・5メートルの高さまで水につかった家もあった。電気や水道もふたたびとまった。

「うちがだめになった人はどうなるんやろーと思うと涙がとまらん。今は正直、深見にはきたくない。ボランティアさんがいろいろやってくれているけど、私ら年寄りにはなにもできんし……」

多くの住民は、自宅の家財道具を納屋にうつしていた。それらの納屋の多くが濁流にのまれた。

10月10日、仮設住宅にいる24軒の住民は総会をひらいた。

「どうしようもない」

「すみつづけるつもりだったけど、もうええわ……」

半壊以上の人からそんな声があいついだ。「深見にのこる」とこたえたのは10軒だけだった。

苦しみを楽しむ

輪島市町野町は地震につづいて豪雨でも壊滅的な被害をうけた。町野地区の中心はほぼ全域が水没した。

藤平朝雄さんがすむ曽々木集落（247ページ）も、裏山の土砂がくずれて民家1軒をおしつぶした。海岸には無数の流木が散乱していた。

「地震だけなら前をむけるかなぁと思ってきたけ

ど、ふりだしにもどってしまった。56年すんでいるけど、こんな地震や豪雨ははじめて。なぜ今年は次々にひどいことがおきるんでしょうねぇ……」

藤平さんは疲労のためか顔が青ざめている。

4キロ南にある町野町唯一のスーパー「もとや」は元日の地震後も営業してきたが濁流におそわれた。それでも泥を掃除して復活をめざしている。

「2回も被害にあってたちあがるんだから、無事だった私は、力のない年寄りだけど、なにかせんならんですよね」

藤平さんは、能登の魅力を紹介するDVDや手作り冊子を友人たちにおくる準備をはじめた。

そんなとき藤平さんのもとに、輪島市街地の寺から寺報がとどいた。

「どうして2度も大震災にあわなければならないのだろうと思いました。でも今はこう受け止めています……数千年に一度のありがたいご縁に出あわせていただきました」

感動した藤平さんは返信をしたためた。

「どんなつらいことがあっても、きのうまでのことは明日への準備と思って進んでいきたい」

そして私にこう言った。

「おなじ苦しいなら楽しんでやろうって思ってるんですよ」

ナチスの強制収容所を生きぬいた精神科医ビクトル・フランクルを思いだした。

過酷な収容所でも、最後のパンを他人にあたえる人がいたことから、悲惨な運命に見舞われても、その運命にたいしてどんな態度をとるかという人間最後の自由をうばうことはできないとフランクルは確信し、「今・ここ」で最善をつくすことを説いた。

「二重被災」という絶望的な状況で「苦しみを楽しむ」能登のやさしさと私にはだぶってみえた。

※本稿は、２０２４年10月に筆者が現地を訪れて追記した内容です。これからも能登とのかかわりは続きます。

著者紹介

藤井 満（ふじい・みつる）

1966年、東京都葛飾区生まれ。1990年朝日新聞に入社。静岡・愛媛・京都・大阪・島根・石川・和歌山・富山に勤務し、2020年1月に退社。2011年から2015年まで朝日新聞輪島支局に駐在。奥能登の農山漁村集落をたずねてまわり、『能登の里人ものがたり』（2015年、アットワークス）、『北陸の海辺自転車紀行』（2016年、あっぷる出版社）を出版。そのほか単著に『石鎚を守った男』（2006年、創風社出版）、『僕のコーチはがんの妻』（2020年、KADOKAWA）、『京都大学ボヘミアン物語』（2024年、あっぷる出版社）など。

章扉イラスト：藤井玲子
週刊レイザル新聞　https://reizaru.r-lab.info　より

能登のムラは死なない

2024年12月10日　第1刷発行

著　者　藤井 満
発行所　一般社団法人　農山漁村文化協会
〒335-0022　埼玉県戸田市上戸田2丁目2-2
電　話　048(233)9351（営業）　048(233)9376（編集）
F A X　048(299)2812　振替00120-3-144478
U R L　https://www.ruralnet.or.jp/

ISBN978-4-540-24159-8
〈検印廃止〉

©藤井満2024　Printed in Japan
DTP制作／(株)農文協プロダクション　印刷／(株)新協　製本／根本製本(株)
定価はカバーに表示
乱丁・落丁本はお取り替えいたします。